T0282569

DEDICATORIA:

A mis padres Jesús y Guillermina mis ángeles en el cielo, a mi apoyo y querida esposa Margarita, mis hijos José Manuel y Yem, Luis Ernesto y Fernanda, Chuy y Anita, Maggy y Jairo, mis nietos Emiliano, Sammy, Santiago y los que Dios nos permita conocer.

A mis familiares; hermanos, tíos, primos y sobrinos, así como a todos mis amigos.

Especialmente al entrañable Dr. Miguel Arenas Vargas (QPD) y la Dra. Judith Licea Vda. de Arenas por todos sus conocimientos y amistad.

A mis compañeros y alumnos.

CONTENIDO

INTRODUCCIÓN.

En la actualidad, la gestión de información ha cambiado debido a las nuevas tecnologías de información y la comunicación, este cambio en los paradigmas de la información y conocimiento obliga a realizar grandes esfuerzos para poder satisfacer las necesidades de información. Se tienen que establecer algunas condiciones importantes a la hora de implementar un modelo de búsqueda, recuperación y uso de la información para generar conocimiento.

La búsqueda de información es una actividad muy ardua y en ocasiones complicada, antiguamente el problema era la poca información o las limitaciones para poder acceder a ella, actualmente la gran cantidad de documentos e información a la que se puede acceder requiere de habilidades y actitudes que permitan que la búsqueda y recuperación sea eficiente.

"Se cuenta que, en una ocasión, un famoso científico alemán quiso realizar una expedición por el Amazonas. Era una eminencia en los diversos ramos del saber. Llegado al Brasil, le pidió a uno de los naturales del lugar que lo llevara en su barca, río adentro. El joven aceptó con gusto. Durante la travesía, el sabio preguntó al joven: ¿Sabes astronomía? No. ¿Y matemáticas? Tampoco. ¿Y biología o botánica? –No, yo no sé nada de esas cosas, señor –le respondió el muchacho, muy confundido—. Yo sólo sé remar y nadar. ¡Qué pena! –le dijo el científico— has perdido la mitad de tu vida. Y guardaron silencio. Al cabo de una media hora se precipitó una tormenta tropical y la barca amenazaba naufragar. Entonces el barquero preguntó al científico: ¿Sabe usted nadar, señor? –No –contestó el sabio-. Y el muchacho, con tono apenado, le dijo: - ¡Pues usted ha perdido toda su vida!"

Esta simpática historia se asemeja a lo que puede suceder si no se sabe navegar en las bibliotecas físicas y virtuales, si no sabemos movernos a través de la Web en los diversos buscadores y gestores, así como programas para administrar la información, nos podemos perder mucho tiempo y ahogarnos en ese inmenso mar de fuentes y documentos.

Un evento clave en el desarrollo de los estudios cuantitativos lo constituyó, sin dudas, la aparición del *Institute for Scientific Information* (ISI) de los Estados Unidos en 1954 con el liderazgo de Eugene Garfield. Los elementos incorporados por Garfield y sus colaboradores revolucionaron los estudios cuantitativos de la información y aún hoy mantienen su vigencia y su fuerza (Chaviano, 2004).

Gracias a Eugene Garfield, hombre de negocios y químico estadounidense, que a mediados del siglo pasado empezó a trabajar en la Universidad Johns Hopkins en 1951, en un proyecto de indización automática para la biblioteca de la facultad de medicina. Dicho proyecto, llamado *Proyecto Welch*, financiado por la Biblioteca Nacional de Medicina

(NLM), llevaba en marcha desde 1948 para informatizar tanto las tareas organizativas de la biblioteca, como de la recuperación de la literatura médica. Garfield trabajó en él hasta el fin de este en 1953, investigando la estructura lingüística de las revisiones y los métodos tradicionales de indización. Fue el creador del Instituto para la Información Científica (ISI) de Filadelfia, y se desempeñó como investigador destacado en el campo de la bibliometría, además de ser creador de múltiples teorías y cocientes en información y documentación.

1.2. HISTORIA DE ISI

Eugene Garfield (1925-2017) fundador del *Institute for Scientific Information* (ISI), marcó un antes y un después en la bibliometría moderna, estableciendo la indización por citas y el factor de impacto de las revistas. Desarrolló tres conceptos que han revolucionado la bibliometría moderna: la indización por citas, el frente de investigación y el factor de impacto (Culebras y Franco-López, 2017).

Las raíces se remontan a un gallinero en Thorofare, New Jersey que se convirtió en el ISI. Donde en 1955, Eugene Garfield con posgrado en química pidió prestados $500 dólares y comenzó un servicio de página de contenido de impresión llamado *DocuMation* (Culebras y Franco-López, 2017), una publicación que ofrecía productos bibliográficos y documentales nuevos. La pretensión de Garfield era desarrollar una base de datos de referencia que fuese barata, sin indización ni resumen. Esta base de datos incluiría las citas que los autores ponían a pie de página y al final del artículo. Con cada artículo nuevo que añadía, había que rehacer toda la indización de las obras mencionadas en esa misma edición, asignándole nuevas materias que jamás habría contemplado el autor de la obra inicial. Para poder rentabilizar la producción, escogió un grupo reducido de las mejores revistas basándose en que éstas serían las que los autores citaban más. Al principio, su proyecto encontró serias dificultades de financiación, ya que instituciones como *Chemical Abstracts* o la *National Science Foundation* no veían el proyecto interesante (Culebras y Franco-López, 2017). Aun así, publicó con éxito esta publicación que más tarde se convertiría en *Current Contents* en administración y ciencias sociales (Cross, 2005), un boletín de sumarios de publicaciones periódicas y obras colectivas. En 1960, la empresa pasa a llamarse Instituto para la Información Científica (*Institute for Scientific Information, ISI*) (Centro de Documentación Información y Sistemas, 2016; Culebras y Franco-López, 2017), la funda con el propósito de indizar y analizar la calidad de los contenidos de las revistas científicas. Si bien hay antecedentes de otros pioneros en esta propuesta, es Garfield quien le da mayor importancia con medición bibliométrica a estas publicaciones y las recoge en índices como *Social Science Index*, etc. Posteriormente recoge en *Journal Citations Reports* las revistas que tienen esta medición bibliométrica a la que llama Factor de Impacto (Centro de Documentación Información y Sistemas, 2016).

En 1992 ISI fue adquirido por la *Corporación de Thomson* y fue retitulado *ISI Thomson*. En 2005 el nombre ISI fue cambiado como *Thomson Scientific*, con una cobertura de siete áreas temáticas con más de 8,000 revistas académicas y 2,000 libros (Cross, 2005).

Garfield (2016) en la Universidad de Barcelona, señala que hace cincuenta años, el *Institute for Scientific Information* (ISI) empezó a publicar, dentro de los *Current Contents*, la serie "This Week's Citation Classic". Durante más de quince años, les pidieron a miles de autores que escribieran reseñas de los artículos más citados se recopilaban, todos ellos ahora disponibles en www.citationclassics.org, y le sorprendió que le encargaran la misma tarea para su artículo: *Citation indexes for science. A new dimension in documentation through association of ideas*, de 1955[1], ya es un clásico, entonces publicado en *Science*. Como citador convencido, destaca que aquella no era su publicación más citada, sino que el artículo: *Citation analysis as a tool in journal evaluation*. Publicado en Science de 1972[2], para evaluar publicaciones, se había citado muchas más veces. Ahora bien, aunque es cierto que ese artículo ha tenido una importancia primordial para *Thomson Reuters* a la hora de crear y mantener el contenido de la *Web of Science* y para editoriales que han querido crear publicaciones eruditas, también sostiene que el de 1955 es mucho más significativo.

El ISI fue adquirido por *Thomson Scientific* en 1992 y en 2012 por Reuters. Los productos documentales más importantes del ISI son la *Web of Science* (*citation index*), compuesta por tres bases de datos que recogen artículos sobre ciencia y tecnología (desde 1900), ciencias sociales (desde 1956) y artes y humanidades (desde 1975); también recoge las citas que los científicos en sus trabajos hacen sobre otros trabajos. Así mismo es muy importante el *Journal Citation Reports*, donde se indica cuáles son las revistas más citadas en su ámbito y, por tanto, las más importantes. Garfield basó su método de indización en la llamada cultura de la cita; esto es, cuanto más se cita un trabajo, mayor es su importancia, tanto en su ámbito científico como su factor de impacto. Esta cultura se ha convertido en uno de los índices por excelencia de la investigación científica (Culebras y Franco-López, 2017).

Reuters Group Limited, más conocida como *Reuters*, con sede en el Reino Unido tiene como principal actividad proveer información de los mercados a medios de comunicación y mercados financieros. Actualmente tiene empresas en más de 200 ciudades de 94 países y suministra información en más de 20 idiomas. Por otro lado, *Thomson Corporation* también proveedor de servicios de información para la educación superior hasta 2007 sobre todo textos, en el 2008 llega a un acuerdo con *Reuters* para formar *Thomson Reuters*. A partir de esta fusión *Thomson Reuters* pasa a ser la más grande fuente de información para la ciencia y ciencias sociales como *ISI Thomson Reuters* (Centro de

---

[1] Garfield, E. (1955). "Citation indexes for science. A new dimension in documentation through association of ideas." Science 122(3159): 108-111.

[2] Garfield, E. (1972). "Citation analysis as a tool in journal evaluation." Science 178(4060): 471-479.

Documentación Información y Sistemas, 2016). *Thomson-Reuters*, fue adquirido en 2016 por *Clarivate Analytics* empresa china *Onex y Baring Asia* por 3.5 mil millones de dólares, el nuevo nombre entra en vigor de inmediato, y la nueva marca se implementará en todos los productos y servicios de la empresa, desde los inicios de 2017 (Clarivate Analytics, 2016).

A partir de esta fusión Thomson Reuters pasa a ser la más grande fuente de información para la ciencia y ciencias sociales como ISI Thomson Reuters

Sus grandes índices para cada rama del conocimiento son:

Science Citation Index (SCI),
Social Sciences Citation Index (SSCI),
Arts & Humanities Citation Index (A&HCI)

Dos bases de datos químicas:

Index Chemicus,
Current Chemical Reactions,

Dos bases de datos de presentaciones en congresos y conferencias:

Conference Proceedings Citation Index: Science y
Conference Proceedings Citation Index: Social Science and Humanities.

A partir de esta fusión, *Thomson Reuters* incorpora también en su plataforma *Web of Science* a *Journal Citation Reports*

Estas bases de datos analizan el contenido de más 10,000 revistas de ciencia, tecnología, ciencias sociales, artes, y humanidades y últimamente incorpora conferencias en congresos y capítulos de libros por lo tanto es una herramienta indispensable para la investigación.

En *Web of Science*, encontrará una lista llamada *Master Journal List*, donde incorpora todas aquellas publicaciones que están en proceso de evaluación.

A partir de 2017 con la incorporación por *Clarivate Analytics*, todo se integra en el *Web of Science Group* (https://clarivate.com/webofsciencegroup/about-us/), que hace que la investigación se conecte.

El Grupo Web de Ciencia es el proveedor de información y tecnología para la comunidad global de investigación científica. Proporciona datos, análisis e información, así como herramientas de flujo de trabajo y servicios profesionales a medida a los investigadores y a toda la comunidad de investigación que sustenta la investigación: universidades e instituciones de investigación, gobiernos nacionales y locales, privados y organizaciones públicas de financiación de la investigación, editores y corporaciones intensivas en investigación, en todo el mundo.

Esta empresa apoya a más del 95% de las principales instituciones de investigación del mundo, múltiples gobiernos y agencias de investigación nacionales. Alrededor de 20 millones de investigadores de más de 7,000 organizaciones de investigación líderes en todo el mundo confían en ellos para informar y guiar las decisiones de apoyo, ejecución, evaluación y planificación de la investigación a nivel global, nacional, institucional e individual.

1.2.1. SCIENCE CITATION INDEX (SCI)

El *Science Citation Index* es un índice multidisciplinario e indexa completamente más de 8.500 revistas importantes en 150 disciplinas – 1988 hasta la actualidad.

Science Citation Index (SCI) es una base de datos documental donde se recogen todas las contribuciones (artículos, editoriales, cartas, revisiones, discusiones, etc.) que se puedan publicar en las revistas de ciencia y tecnología indizadas por *Thomson Reuters*. A este índice de citación también se le conoce como ISI ya que en un principio la institución que producía en índice era el Instituto para la Información Científica, ISI, fundado por Eugene Garfield en 1960,

Desde el lanzamiento del SCI en 1963, se han añadido varias funciones de navegación que han superado la citación básica de indexación. En 1988, con el lanzamiento del SCI en CD-ROM, ISI lanzó la función registros relacionados. Esto utiliza acoplamiento bibliográfico para identificar artículos relacionados además de los que citan, o fueron citados por un artículo. Así artículos que tienen un alto grado de superposición en sus listas de referencia y los artículos que tienen un compromiso grande en donde se han citado se unen como registros relacionados incluso si existe un vínculo de citación directa entre ellos.

El Índice de Citas (*Citation Indexes*) principal en 2005 cubre 3,700 revistas de ciencia y técnicas académica en más de 100 disciplinas. El *Science Citation Index Expanded*™ una versión ampliada de la SCI, que sólo está disponible en línea, cubre una adicional de 2,200 revistas. *Thomson Scientific* también producen otros dos importantes índices de citación: el *Social Sciences Citation Index*® (SSCI®), que cubre más de 1,700 revistas en más de 50 disciplinas más, seleccionado individualmente material relevante de 3.300 revistas de ciencia y tecnología; y de artes y el *Arts & Humanities Citation Index*® (A & HCI®), que cubre casi 1,130 material más relevante de revistas de los índices de las ciencias sociales (Cross, 2005).

El SCI en su forma final pertenece a la *Web of Science* y a una red de más de mil millones de citaciones, y se utiliza habitualmente como método de investigación y como herramienta para analizar el impacto de la investigación. Si bien esto constituye un legado excelente de lo que en su día fue un índice de dimensiones reducidas, una de las mayores decepciones es que en el ámbito estudiantil no se use como herramienta de difusión selectiva de la información. Hoy en día hay muchos productos que ofrecen alertas semanales y diarias, pero tengamos en cuenta que el primer sistema que ofreció este servicio fue el *Automatic Subject Citation Alert* (ASCA), creado en 1965, un año después de que emprendieron el proyecto del SCI. Todavía hay que hacer pedagogía sobre las citaciones: habría que enseñar a los estudiantes cómo funciona este proceso y también tendrían que preguntarse quién cita y dónde se citan las obras que utilizan (Garfield, 2016).

Otros índices de citación que Thomson Scientific produce son: Biochemistry & Biophysics, Biotechnology, Chemistry, Materials Science, y Neuroscience.

1.2.2. JORNAL CITATION REPORTS (JCR)

Lanzado en 1975, el JCR fue diseñado para proporcionar medidas objetivas de la "importancia relativa" (¡"importancia" y la "utilidad" que frecuentemente se emplean como alternativas!) de las revistas dentro de su ámbito. Esto se basa en la premisa de que "el valor de la información está determinado por aquellos que la utilizan", es decir, el valor de una revista puede medirse por el número de veces que su uso se formaliza en la forma de una referencia. Estas medidas incluyen el Factor de Impacto, el índice de inmediatez y el período citado. El JCR viene en dos ediciones: la edición de la ciencia, que cubre la mayor parte de las revistas en el *Science Citation Index Expanded* en 170 categorías temáticas; y la edición de ciencias sociales, que cubre la mayor parte de las revistas en el *Social Science Citation Index* en 54 categorías temáticas. No hay ningún equivalente JCR que abarque las artes y las humanidades (Cross, 2005).

Es la base de datos del ISI que se publica en línea en la plataforma de *Web of Science*. Su importancia es la de ser una base de datos de revistas que cumplen ciertos requisitos de selección y evaluación como:

- Rigurosidad periódica de la publicación y estar en la lista Master List Journal de Thomson Scientific
- Cada artículo debe ser evaluado por pares especializados en el tema (*peer review*)
- Carácter internacional (autores, comité editorial, etc. de diversos países)
- Que cumpla las pruebas de medición del Factor de Impacto durante 5 años consecutivos.
- De preferencia en idioma inglés o bilingüe.

NOTA. - No todas las publicaciones que están en *Master List Journal* tienen medición de Factor de Impacto. Por ahora el mayor referente de calidad de las revistas es *Journal*

Citations Report, aunque ya existen otros evaluadores como *SCimago* (Elsevier), *Factor Eigen* y *Factor Hirsch* (Centro de Documentación Información y Sistemas, 2016).

1.2.3. WEB OF KNOWLEDGE – ISI.

El *ISI Web of Knowledge* es una plataforma de internet a nivel superior de *Thomson Scientific*, que integra muchos de sus productos de información, incluyendo el *Web of Science*; *Current Contents Connect*; y el *Journal Citation Reports*. También es uno de los pocos productos que mantienen la marca ISI (Cross, 2005).

1.2.4. WEB OF SCIENCE.

Web of Science es el índice de citas del portal de *Thomson Scientific*, que permite buscar a través del *Science Citation Index Expanded*, el *Social Science Citation Index* y el *Arts & Humanities Citation Index*, cubriendo un total de 8,700 revistas adicionales de funcionalidad basada en la Web. *Web of Science* también permite la búsqueda en bases de datos adicionales de propiedad o licenciados por *Thomson ISI Proceedings*, *BIOSIS Previews* y MEDLINE (Cross, 2005).

Web of Science es la base de datos global de citas independiente del editor más confiable del mundo. Guiado por el legado del Dr. Eugene Garfield, inventor del primer índice de citas del mundo, *Web of Science* es el motor de investigación más potente, integrado a la biblioteca con los mejores datos de publicación y citas de su clase para un descubrimiento, acceso y evaluación seguros.

Esta plataforma multidisciplinaria conecta los índices regionales, especializados, de datos y de patentes con la *Web of Science Core Collection*. Es una plataforma integral le permite realizar un seguimiento de las ideas en todas las disciplinas y el tiempo de más de 1.700 millones de referencias citadas de más de 159 millones de registros.

Más de 9,000 instituciones académicas corporativas y gubernamentales líderes y millones de investigadores confían en *Web of Science* para producir investigaciones de alta calidad, obtener conocimientos y tomar decisiones más informadas que guíen el futuro de su institución e investigación y mejores estrategias (Web of Science Group, 2019).

Ahora en los siguientes capítulos veremos lo que es la búsqueda, las estrategias para realizar la gestión de la información, tipos de productos teórico-ideológicos, las bases de datos, gestores y administradores de información principalmente el uso del EndNote.

LA BÚSQUEDA.

La búsqueda bibliográfica es un proceso imprescindible en cualquier proyecto de investigación. El conocimiento racional de las fuentes de información y estrategias de búsqueda facilitarán la puesta al día del material seleccionado. Es necesario evaluar de forma crítica y seleccionar el material relevante para poder ser guardado en la base de datos propia mediante un gestor de referencias que nos permita agilizar la organización y presentación de los documentos generados de la propia investigación (Vilanova, 2012).

El término **búsqueda de información** a menudo sirve como un paraguas que es generalmente un conjunto de conceptos y cuestiones relacionadas. En el mundo de las bibliotecas, las discusiones sobre la construcción y gestión de bases de datos, las necesidades de información de la comunidad, los servicios de referencia y muchos otros temas resuenan con el término. Sin embargo, una definición única y útil sigue siendo esquiva. Como cualquier otro concepto complejo, la búsqueda de información significa cosas diferentes en diferentes contextos. En los términos más simples, la búsqueda de información implica la búsqueda, recuperación, reconocimiento y aplicación de contenido significativo. Esta búsqueda puede ser explícita o implícita, la recuperación puede ser el resultado de estrategias específicas o serendipia, la información resultante puede ser aceptada o rechazada, toda la experiencia puede ser llevada a una conclusión lógica o abortada en mitad de la corriente, y puede haber un millón de otros resultados potenciales. La búsqueda de información ha sido vista como un ejercicio cognitivo, como un intercambio social y cultural, como estrategias discretas aplicadas al enfrentar la incertidumbre, y como una condición básica de la humanidad en la que todos los individuos existen (Kingrey, 2002).

Desde la perspectiva teórica, la búsqueda de información se encuentra relacionada con la solución de problemas. Se postula que los individuos proceden de la identificación de un problema de investigación o un problema de verdad para ellos, a través de la definición del problema, a su resolución y a la presentación de la solución. En cada etapa existen niveles de incertidumbre que originalmente dirigen la búsqueda de información (Gutiérrez Vargas *et al.*, 2006).

Una búsqueda bibliográfica es una recopilación sistemática de la información publicada relacionada con un tema. Realizar una búsqueda bibliográfica es un proceso complejo y fundamental en el contexto de un proyecto de investigación. En la actualidad, estamos sometidos a una avalancha de información. De aquí que es imprescindible planificar el método de búsqueda de forma eficaz, estructurada y sistemática para localizar la bibliografía adecuada sobre el tema de estudio. La revisión de la literatura incluye la ubicación, lectura y evaluación, en la medida de lo posible, del material escrito vinculado con un sector de estudios (Vilanova, 2012). Este material puede asumir una amplia variedad de formas, desde libros completos hasta comunicaciones personales (Hayman, 1968).

Dónde, por qué, cuándo y cómo buscar información es un tema de debate y discusión tanto a nivel teórico como práctico para disciplinas como la psicología del comportamiento, la psicología cognitiva y una variedad de disciplinas de las ciencias sociales. Como cualquier otro concepto complejo, la búsqueda de información significa diferentes cosas en diferentes contextos. De manera procedimental se percibe como una serie de tareas que dirigen un proceso de trabajo intelectual a través de las etapas de iniciación, selección, formulación, representación y presentación de resultados. Los modelos teóricos organizan la búsqueda de información en un grupo de etapas en función a la experiencia y ofrecen una estructura para discutir lo que ocurre en la exploración de la información y permite comprender la transformación de la información en conocimiento (Gutiérrez Vargas *et al.*, 2006). La búsqueda de información, la recuperación y su uso se encuentran en el corazón de los estudios de la biblioteca y el bibliotecario. Las bibliotecas funcionan por y para el acto humano de búsqueda de información. El dónde, por qué, cuándo y cómo de la búsqueda de información continúa como tema de debate y discusión tanto en el nivel teórico como práctico de una variedad de disciplinas de ciencias sociales. De hecho, los campos de la psicología y la comunicación en particular ofrecen perspectivas y teorías sobre la búsqueda de información que mejoran e iluminan el estudio de la búsqueda de información en la biblioteca y la ciencia de la información (Kingrey, 2002).

La capacidad de llevar a cabo una búsqueda de literatura es a menudo considerada como una tarea formidable. El SNC está en condiciones de orientar y guiar al equipo a través del proceso de búsqueda de literatura. Guiado por el tema, el problema y la pregunta de investigación, el CNS establece palabras clave, selecciona bases de datos, recupera y Lee artículos que cumplen los criterios de inclusión, y sintetiza y resume los resultados. Cuando hay pocos estudios o niveles bajos de evidencia encontrados en un tema/problema, la revisión de la literatura apoya la necesidad de la investigación (Adorno *et al.*, 2016).

2.1. PROPOSITO DE LA REVISION.

Hayman (1968), menciona que el propósito de la revisión de la literatura consiste en permitir al investigador familiarizarse con el conocimiento actual existente dentro del campo en el cual va a realizar su investigación. Para que haya progreso es esencial que el nuevo trabajo se base y edifique sobre lo que ya se ha realizado.

Mediante la revisión de la literatura el investigador puede obtener mejores resultados y evitar sectores estériles de problemas, identificar el tipo de sectores útiles y aquellos en los que es muy improbable que se obtenga información.

La revisión de la literatura ayuda al investigador a delimitar y definir su problema. Al ponerse al día respecto del trabajo que otros han realizado, el investigador se encuentra en una posición mucho más ventajosa para llegar a una formulación neta y concisa de sus propios objetivos, y para evitar el manejo de ideas confusas y poco definidas.

Mediante la revisión de la literatura el investigador puede evitar la duplicación de datos ya bien establecidos. La duplicación es importante en la investigación educacional, pero en un momento dado, luego de establecida la estabilidad y validez de un dato, carece de interés seguir realizando pruebas acerca de él.

Otro propósito específico de la revisión de la literatura consiste en dar al investigador introversión en la metodología de la investigación y facilitarle sugerencias acerca de ella. Una de las mejores maneras de obtener ideas respecto del modo de realizar o enfocar un problema consiste en revisar el trabajo de otros, para ver qué enfoques utilizaron y con qué resultado. En este sentido el investigador debe comprender, al realizar su investigación, la diferencia que existe entre los métodos y la sustancia de la investigación. Los métodos o la metodología se refieren a la manera en que debe realizarse el estudio. Se vinculan con el diseño de estudio mediante el cual debe establecerse la validez de los resultados. Tienen que ver con el método de investigación más bien que con aquello que se investiga. La sustancia, en cambio, es la materia que se investiga.

La última razón específica por la cual debemos revisar la literatura es que nos permite deducir recomendaciones para investigaciones posteriores. Muy a menudo un autor examina la necesidad de mayor investigación que implica su propio trabajo. Esta es, por supuesto, una valiosa fuente de ideas útiles para la realización de estudios.

En la búsqueda de información participan las actividades para localizar, seleccionar, organizar, interpretar, sintetizar y comunicar información relevante. Es un proceso inherentemente interactivo, porque cuando los buscadores de información guían su atención hacia la búsqueda, aceptan y se adaptan a los estímulos del proceso. Se puede reflexionar sobre los progresos de búsqueda y evalúan la eficacia de continuar con esta tarea. Por consiguiente, es un proceso cibernético en el cual el estado de conocimiento cambia a través de las aportaciones, conclusiones y de la retroalimentación de nueva información (Gutiérrez Vargas *et al.*, 2006).

Los estudios de búsqueda de información tienen como norma metodológica iniciar el análisis de las necesidades de información a través del escrutinio de las etapas y de las actividades que forman parte del proceso de buscar información: iniciación, selección, exploración, formulación, colección y presentación.

El concepto de construcción personal apoya la hipótesis de la búsqueda de información como un proceso de construcción que inicia con incertidumbre y ansiedad. De un estado cognitivo de incertidumbre con respecto a un problema se origina una incertidumbre emocional (Gutiérrez Vargas *et al.*, 2006; Kuhlthau, 1991).

Después de varios estudios sobre las experiencias de investigación de los estudiantes, Carol Kuhlthau (1991), desarrolló un modelo de información que apoyó el proceso de búsqueda de información, en este describe el proceso de búsqueda de información como moverse a través de la iniciación, selección, exploración, formulación, recopilación y presentación. Si bien se desarrolló principalmente para explicar la investigación formal realizada para completar las asignaciones de clase, este modelo organiza la búsqueda de información en un conjunto de etapas experienciales que ofrecen un marco aproximado para discutir lo que ocurre en la búsqueda de información y la transformación de esa información en conocimiento. La hipótesis resulta en un modelo que consta de seis etapas:

(1) Iniciación— el estudiante inicia una sesión de búsqueda. Tarea: debe 'reconocer una necesidad de información'; prescripción de información: busca los 'antecedentes de información'.

(2) Selección— el estudiante selecciona un área general de interés. Tarea: debe 'identificar y seleccionar un tema general'; prescripción de información, busca 'información relevante'. Aquí agregaríamos actualizada de preferencia de los últimos 5 años, de calidad y que sea pertinente.

(3) Exploración— el estudiante explora material para su área de interés. Tarea: debe 'investigar la información sobre el tema general en función de ampliar su conocimiento general', prescripción de información; busca 'información relevante'.

(4) Formulación— el estudiante formula un tema o un enfoque específico. Tarea: debe 'formarse un enfoque desde la información'; prescripción de información: busca 'información/enfoca lo relevante'.

(5) Colección— el estudiante recupera materiales sobre el tema o enfoque. Tarea: debe 'reunir información relacionada con el tema o enfoque'; prescripción de información: busca 'información relevante'.

(6) Presentación— el estudiante presenta el trabajo terminado. Tarea: debe 'terminar la exploración y preparar la presentación de las conclusiones'; prescripción de información: busca 'el enfoque relevante de la información'.

2.1.1. INICIACIÓN.

En la "iniciación", cuando una persona se da cuenta por primera vez de una falta de conocimiento o comprensión, los sentimientos de incertidumbre y aprensión son comunes (Kingrey, 2002; Kuhlthau, 1991). En este punto, la tarea es simplemente reconocer la necesidad de información. Los pensamientos se centran en contemplar el problema, comprender la tarea y relacionar el problema con la experiencia y el conocimiento previos. Las acciones con frecuencia implican discutir posibles temas y enfoques (Kuhlthau, 1991). La necesidad de información que implica el primer intento de resolver la incertidumbre. La incertidumbre, novedad y variedad proporcionan la motivación inicial para la búsqueda de información. Un deseo psicológico para predecir resultados, conocer lo desconocido o ampliar la gama de experiencias, es el ímpetu primario para buscar información. Se ha sugerido que el conocimiento y la búsqueda de información que participan en la construcción del conocimiento, emergen de una construcción personal. El proceso y el producto de esta construcción es una experiencia única, influenciada por la situación cognitiva, afectiva y material del individuo. Es una exploración que ocurre como un proceso comunicativo, un diálogo entrecruzado que amplía los datos para incluir emociones, ideas, valores, opiniones, supersticiones y, creencias a nivel personal y social (Kingrey, 2002).

Antes de realizar el primer experimento en el laboratorio, sería bueno pasar unos días en la biblioteca (ya sea virtual o real) para hacer una búsqueda exhaustiva de la literatura del tema de investigación que se pretende. Incluso si se tiene algún conocimiento de la literatura en su proyecto, no se debe omitir este paso (Gosling y Noordam, 2011).

El primer paso en un estudio consiste en leer las ediciones periódicas en forma impresa o electrónica. Se estudia la tabla de contenido de cada número de diario y se identifican los índices de diario y se identifican artículos posiblemente relevantes. Esos artículos marcados durante esta revisión preliminar reciben la primera atención, pero cada número de cada diario debe ser leído independientemente para ver si contienen o no un artículo denotado. Si bien estas lecturas iniciales proporcionaron una imagen general de la cobertura de las revistas de temas de búsqueda de información, no representan un enfoque altamente metódico para la evaluación. Sin embargo, en la siguiente fase del estudio, las búsquedas de bases de datos sirven para limitar el enfoque del estudio y proporcionar términos de búsqueda que podrían compararse formalmente con el contenido de las revistas (Kingrey, 2002).

2.1.2. SELECCIÓN.

Durante la "selección" la tarea consiste en identificar y seleccionar el tema general que se va a investigar o el enfoque que se debe seguir. Sentimientos de incertidumbre a menudo dan paso al optimismo después de que se ha hecho la selección y hay una disposición para comenzar la búsqueda. Los pensamientos se centran en el pesaje de temas de perspectiva en función de los criterios de interés personal, los requisitos de asignación, la información disponible y el tiempo asignado. Se predice el resultado de cada elección posible y se selecciona el tema o enfoque que se juzga para tener el mayor potencial de éxito. Las acciones típicas son consultar con los demás. Algunos pueden hacer una búsqueda preliminar de información disponible, y descartar y escanear para obtener una visión general de temas alternativos. Cuando, por cualquier razón, la selección se retrasa o pospone, es probable que los sentimientos de ansiedad se intensifiquen hasta que se tome la decisión (Kuhlthau, 1991).

La selección. Una vez identificada la necesidad de conocer, la pregunta de cuáles son las necesidades para conocer debe ser respondida. Las situaciones formales de búsqueda de información exigen que el buscador relacione una taxonomía altamente organizada de áreas temáticas con su pregunta o problema particular. Responder a una simple pregunta para orientar un hecho, representa algo más que localizar la disciplina apropiada, el área o el descriptor temáticos. Porque cada situación de búsqueda de información es una experiencia única, distinta cada vez que el buscador vuelve a explorar. La exploración es el método por el que nuevas construcciones se encuentran, "abriendo las dimensiones personales" de significados en un universo concebido en términos de procesos. La exploración proporciona la topografía que se atraviesa para forjar un sendero de comprensión personal (Gutiérrez Vargas *et al.*, 2006; Kingrey, 2002).

Tanto los factores personales como los sociales afectan los procesos y los productos de la exploración de información. Desde la perspectiva social, la búsqueda de información se considera un proceso normativo, un medio a través del cual los individuos identifican, adaptan y transfieren valores, creencias, ideas y códigos de comportamiento (Kingrey, 2002).

2.1.3. EXPLORACIÓN.

"Exploración" se caracteriza por sentimientos de confusión, incertidumbre y dudas que con frecuencia aumentan durante este tiempo. La tarea es investigar información sobre el tema general con el fin de ampliar la comprensión personal. Los pensamientos se centran en orientarse y estar suficientemente informados sobre el tema para formar un enfoque o un punto de vista personal. En esta etapa, una incapacidad para expresar con precisión qué información es necesaria hace que la comunicación entre el usuario y el sistema sea incómoda. Las acciones implican localizar información sobre el tema general, leer para estar informado y relacionar nueva información con lo que ya se conoce. Las estrategias que abren oportunidades para formar nuevas construcciones, como enumerar hechos que parecen particularmente pertinentes y reflexionar sobre ideas atractivas, pueden ser más útiles durante este tiempo. Las estrategias que fomentan un estado de ánimo indicativo más que un estado de ánimo invitacional, como tomar notas detalladas, pueden frustrar el proceso buscando el cierre prematuro. La información encontrada rara vez encaja sin problemas con construcciones previamente mantenidas e información de diferentes fuentes comúnmente parece inconsistente e incompatible. Los usuarios pueden encontrar la situación bastante desalentador y amenazante, causando una sensación de ineptitud personal, así como la frustración. Algunos en realidad pueden estar inclinados a abandonar la búsqueda por completo en esta etapa (Kuhlthau, 1991).

Otro aspecto de la exploración que abordan varios modelos teóricos de búsqueda de información es el riesgo inherente que conlleva admitir lo que no se conoce, o sólo parcialmente conocido, y abrirse a nuevos conocimientos. Desde una perspectiva social, la búsqueda de información puede considerarse un proceso socialmente normativo, un medio por el cual los individuos identifican, adaptan y transfieren valores, creencias, ideas y códigos de comportamiento (Kingrey, 2002; Pendleton y Chatman, 1998).

La búsqueda de información es comunicación, y la comunicación es más que el intercambio de datos sustantivos, es una relación en la que los participantes comparten sus ideas sobre sí mismos, sus cohortes y otros fuera de la relación. En consecuencia, la exploración se convierte en un ejemplo de negociación entre el yo, en todos sus aspectos, y el mundo más grande en el que la identidad y el estatus social del buscador son vulnerables. Ofrecer a los solicitantes la libertad de investigar a su propio ritmo, fomentar un entorno no amenazante donde se acepten y aprendan errores, y fomentar la cooperación puede mitigar parte del miedo y la frustración de que la exploración y las etapas posteriores de la búsqueda de información (Kingrey, 2002; Kuhlthau, 1991; Mokros *et al.*, 1995; Wood *et al.*, 2000).

2.1.4 FORMULACIÓN.

La "formulación" es el punto de inflexión del ISP (*information search process*) cuando los sentimientos de incertidumbre disminuyen y la confianza se pierde. La tarea consiste en formar un foco a partir de la información encontrada. Los pensamientos implican identificar y seleccionar ideas en la información a partir de la cual formar una perspectiva enfocada del tema. Un enfoque en el proceso de búsqueda es comparable a una hipótesis en el proceso de construcción. El tema se vuelve más personalizado en esta etapa si se está llevando a cabo la construcción. Mientras que un enfoque puede ser formado en un momento repentino de perspicacia, es más probable que surja gradualmente a medida que las construcciones se vuelven más claras. Durante este tiempo, un cambio en los sentimientos se observa comúnmente, con indicaciones de mayor confianza y una sensación de claridad (Kuhlthau, 1991).

A medida que las personas comienzan a utilizar la información general para generar preguntas más específicas y detalladas, para limitar su tema y comenzar a buscar información de mayor profundidad que la amplitud, participan en la formulación. La formulación requiere que el buscador haga conexiones entre diferentes ideas, que piense críticamente sobre la información revisada hasta ahora y que tome decisiones personalmente relevantes basadas en su aprendizaje. La formación de la investigación futura depende más que de la deducción lógica, ya que surgen nuevas perspectivas de la negociación entre la nueva información y conceptos anteriores dentro del contexto completo de la vida del individuo (Dervin, 1999; Gandy Jr y Baron, 1998; Pendleton y Chatman, 1998; Warren, 1991). Centrar la información en el carácter y la dimensión específicos de un problema en particular requiere conocimientos especializados, y las personas deben ser consideradas expertas en términos de comprensión de su mundo, sus necesidades de información y la forma en que la información puede ser aplicados a los contextos específicos de sus vidas (Dervin, 1999; Kingrey, 2002).

Al igual que en la exploración, los individuos deben invertir parte de sí mismos en la reflexión y agitación de formular una dirección más deliberada para su búsqueda (Kuhlthau, 1991; Mokros *et al.*, 1995). Aunque el estrés de desarrollar un área específica de concentración puede hacer que algunos abandonen su búsqueda de información, aquellos que logran encontrar un alcance más estrecho e individualizado para sus investigaciones a menudo experimentan un mayor entusiasmo a medida que avanzan en sus investigaciones (Kuhlthau, 1991). La formulación puede ser desordenada e incómoda, pero aquí radica la experiencia por la que toda la creatividad se esfuerza por ser una expresión de la perspectiva única, una visión que guiará sus esfuerzos hacia su fructificación (Kingrey, 2002).

2.1.5. COLECCIÓN.

La "colección" es la etapa del proceso en la que la interacción entre el usuario y el sistema de información funciona de manera más eficaz y eficiente. En este punto, la tarea es recopilar información relacionada con el tema centrado. Los pensamientos se centran en definir, extender y apoyar el enfoque. Las acciones implican seleccionar información relevante para la perspectiva centrada del tema y tomar notas detalladas sobre lo que se refiere específicamente al enfoque, ya que la información general sobre el tema ya no es relevante después de la formulación. El usuario, con un sentido más claro de la dirección, puede especificar la necesidad de información relevante y centrada a los intermediarios y a los sistemas, facilitando así una búsqueda exhaustiva de todos los recursos disponibles. Los sentimientos de confianza siguen aumentando a medida que la incertidumbre disminuye con el interés en la profundización del proyecto (Kuhlthau, 1991).

En la colección, el buscador reúne y revisa las fuentes que orientan el enfoque específico de la pregunta que ha formulado. En este punto, él ha incrementado su conocimiento general acerca de los principios y los conceptos esenciales de su problema para tomar decisiones tocantes a la relevancia, tanto de la forma como del contenido. Si el objetivo de la búsqueda de información es el desarrollo de la interpretación general, la colección de información implica más que una aceptación o rechazo de los datos. La colección exige al buscador elegir solamente lo que es apropiado para su interés, pero también determinar cómo cada nueva idea va a ajustarse dentro del desarrollo de una solución, para organizar y conectar la información en forma válida desde una perspectiva tanto objetiva como subjetiva (Gutiérrez Vargas *et al.*, 2006).

2.1.6. PRESENTACIÓN.

En la "presentación" sentimientos de alivio son comunes con un sentido de satisfacción si la búsqueda ha ido bien o decepción si no lo ha hecho. La tarea es completar la búsqueda y prepararse para presentar o utilizar los hallazgos. Los pensamientos se concentran en culminar la búsqueda con una síntesis personalizada del tema o problema. Las acciones implican una búsqueda resumida en la que se observan una disminución de la relevancia y una redundancia cada vez mayor en la información encontrada. Se aplican estrategias de organización, como la esquematización, para la preparación para presentar o utilizar la información de otro modo (Kuhlthau, 1991).

Kuhlthau (1991), describe la etapa de presentación en su modelo de proceso de búsqueda de información en términos de un informe, discurso u otro producto para un ejercicio o asignación escolar. Sin embargo, todas las personas presentan los frutos de la información que buscan cuando aplican nuevos conocimientos. A medida que se utiliza la información, surgen cuestiones de poder y obligación. El nuevo conocimiento puede ser una herramienta para la resistencia o la asimilación. Puede ayudar a resolver un problema o revelar profundidades aún mayores de disonancia y controversia. Puede proporcionar información sobre un problema, pero no puede garantizar que las circunstancias externas permitan una solución. Independientemente de sus resultados, la aplicación y transformación de los datos en un nuevo entendimiento personal sirven como el resultado crucial que diferencia la búsqueda de información de la recuperación de información.

La presentación. Se describe en términos de un reporte, un discurso u otro producto de un ejercicio o tarea académica. No obstante, todos los buscadores presentan los frutos de sus búsquedas de información cuando aplican el conocimiento. El nuevo conocimiento puede ser una herramienta de resistencia o asimilación. Puede ayudar a resolver un tema o a equilibrar grandes profundidades de disonancia y controversia. Puede proporcionar ideas en torno a un problema, pero no puede garantizar que las circunstancias permitan una solución. A pesar de los resultados, la aplicación y la transformación de los datos dentro del nuevo juicio personal sirve como un resultado crucial que diferencia la búsqueda de información de la recuperación de información (Gutiérrez Vargas *et al.*, 2006; Kingrey, 2002).

Muchas de las perspectivas teóricas sobre la búsqueda de información comparten una visión común de la información como creada y difundida a través de la negociación de lo personal, lo social y las dimensiones objetivas o fácticas de la experiencia. Por lo tanto, un pedazo de información no existe independientemente como un bien inexpugnable y universal. Más bien, el éxito de una búsqueda de información, y el valor de la información encontrada, depende significativamente de la relevancia y el significado tanto del proceso como del producto para el individuo (Kingrey, 2002).

Idealmente, las bibliotecas que adoptan esa visión de la información y la búsqueda de información funcionarían como lugares donde los individuos, con la ayuda de profesionales, podrían cuestionar, especular y experimentar de maneras que tengan sentido para ellos, en lugar de tener un estándar estrategia y respuesta determinada para ellos. Cumplir esa función requeriría que las bibliotecas desarrollaran la diversidad en sus recursos, la flexibilidad en su diseño y la creatividad en sus métodos y principios. Pedir a los usuarios que confíen en una única fuente o formato para su información, limitando la educación de las bibliotecas a las orientaciones generales y folletos genéricos, y centrándose en los aspectos técnicos de la entrega de información sobre los aspectos personales de la construcción del conocimiento puede socavar el aprendizaje que las bibliotecas tratan de facilitar (Kingrey, 2002).

Una planificación de búsqueda bibliográfica requiere la preparación de una estrategia efectiva mediante la adecuada combinación de términos y conceptos con la ayuda de operadores lógicos (conjunciones y signos diacríticos). En primer lugar, hay que saber lo que se busca y disponer de indicios ciertos de que estamos buscando en el lugar adecuado. Para realizar una búsqueda eficaz es necesario conocer como está organizada la información en el buscador o base de datos específica utilizada. Una base de datos está estructurada en base a información descriptiva para identificar las publicaciones. Son las siguientes: el título, autores, la fuente, el tema, el idioma y algún número de control (Vilanova, 2012).

Una vez que se entiende la importancia este proceso de búsqueda y recuperación es esencial estar familiarizado con todo el trabajo que se ha realizado sobre el tema, no sólo como una herramienta para el aprendizaje, sino para evitar repetir el trabajo que otros han hecho antes. Imagine el estudiante o investigador que pasa seis meses realizando una serie de experimentos sólo para descubrir (tardíamente) que alguien les ha hecho hace 10 años. Esto sucede más a menudo de lo que piensa, así que no hay que dejar que suceda (Gosling y Noordam, 2011).

Para llevar a cabo una búsqueda de literatura enfocada, muchos investigadores inician con el desarrollo de un problema para guiar la búsqueda. El segundo paso es identificar y organizar palabras clave. El tercer paso es la selección de bibliotecas y las bases de datos para buscar el tema/problema para identificar fuentes primarias. En cuarto lugar, se repasan los títulos de relevancia para el tema/problema y asegurar que el artículo cumple con los criterios de inclusión; sigue la revisión del Resumen (*Abstract*). A continuación, se recuperan los artículos de texto completo, seguido de valoración crítica. Por último, el revisor resume y sintetiza las fortalezas y recomendaciones de cada uno de los artículos. La documentación de resultados de la búsqueda, las decisiones de incluir o excluir un artículo en el artículo final, esta selección es importante durante todo el proceso (Adorno *et al.*, 2016).

Al embarcarse en la búsqueda de la literatura, se puede sentir rápidamente abrumado por el montón de documentos que se acumulan, así que debemos tener en cuenta que es imposible leer todas las investigaciones que se han publicado en su área. Ser selectivo acerca de lo que se debe leer es fundamental para obtener una descripción completa de un campo, sin ahogarse en demasiada información (Gosling y Noordam, 2011).

La fuente más actualizada de información fácilmente disponible se encuentra, por lo común, en las revistas especializadas dentro de la profesión. Los artículos que aparecen en estas revistas informan sobre las investigaciones recientes (Hayman, 1968).

Buscar en la literatura. La literatura publicada e inédita se busca cuidadosamente para los estudios requeridos relacionados con una intervención o actividad (en los pacientes correctos, reportando los resultados correctos y así sucesivamente). Para una evaluación imparcial, esta búsqueda debe tratar de cubrir toda la literatura (no sólo MEDLINE donde, por ejemplo, típicamente se encuentra menos de la mitad de todos los juicios), incluyendo fuentes no inglesas. En realidad, se busca un número determinado de bases de datos utilizando un filtro de búsqueda estandarizado o personalizado (Hemingway y Brereton, 2009).

Tomar ventaja de la amplitud y el alcance de internet y hacer una búsqueda electrónica en su tema de investigación (usar palabras claves sabiamente, o este tipo de búsqueda puede salir rápidamente de la mano). Empezar por bases de datos populares e integrales como *MedLine*, *PubMed*, *Georeferenciación* y *ScienceDirect*. La biblioteca de la Universidad debe tener una suscripción a algunas de estas y otras bases de datos protegida por contraseña. Descargar y copiar los artículos que son la más pertinente para su investigación. Conforme usted se vaya involucrando más en la búsqueda, empezará a adquirir un sentido sobre los investigadores importantes en el campo. Anote sus nombres y las instituciones donde trabajan. (Gosling y Noordam, 2011).

Otra manera excelente de empezar con la búsqueda de la literatura es leer artículos de revisión recientemente publicados sobre el tema. Piense en esto como un atajo. Alguien, en algún lugar ha realizado gran parte del trabajo antes y recopilado en un artículo de revisión exhaustiva que puede contener hasta 200 referencias (Gosling y Noordam, 2011) o más.

En conclusión, tiene que ser un detective y buscar ampliamente y a fondo hasta que tenga una comprensión completa del tema. Pida a los bibliotecarios de referencia que le ayuden a encontrar las estrategias más eficientes para buscar bases de datos electrónicas, revisiones sistemáticas, pautas de práctica y otras fuentes electrónicas. Hable con expertos en la materia para asegurarse de que no ha pasado por alto la información vital. Siga buscando hasta que entienda a fondo el problema y su importancia, identifique posibles soluciones y planifique todos los aspectos del estudio de investigación (Schmelzer, 2008).

Además, el clima actual de innovación y cambio tecnológico hace que la discusión de la información que busca la teoría sea cada vez más importante en el trabajo diario en la biblioteca. Cuando las bibliotecas y las organizaciones bibliotecarias se animan definitivamente a perseguir a los recursos electrónicos más grandes, mejores y más rápidos, es importante tener la comprensión necesaria para determinar no sólo qué hacer, sino también por qué hacerlo (Kingrey, 2002).

Uno de los errores más comunes en la realización de una búsqueda de literatura es utilizar exclusivamente los recursos de Internet. No debe depender únicamente de los recursos de Internet porque los resultados pueden producir información que a veces no es confiable o no ha sido arbitrada. Además, los resultados pueden ser demasiado amplios para centrarse en la pregunta de investigación deseada. Si no tiene acceso a las bases de datos de bibliotecas, otras formas de obtener acceso a las revistas incluyen beneficios de membresía profesional que incluyen suscripción de diario como Elsevier y Lippincott, y acceso a artículos gratuitos. Otro error al realizar una búsqueda de literatura es el uso excesivo o no uso de limitadores o filtros para el tema, como el año de publicación, el idioma de la publicación o el tipo de artículo (por ejemplo, el artículo de investigación). Además, es importante asegurarse de que la información obtenida proviene de artículos en revistas revisadas por pares (Adorno *et al.*, 2016).

¿Qué cantidad de trabajos debemos abarcar en la revisión? ¿Debemos intentar revisar todo lo que se ha escrito acerca del sector que nos interesa? Hay que responder evidentemente que no; tal revisión requeriría una excesiva cantidad tiempo, y puesta por escrito. llegaría fácilmente a centenares de páginas. El investigador debe realzar cierta selección cuando se trata de determinar qué trabajos incluirá en el material a revisar. Es obvio que el investigador debe revisar la cantidad de trabajos suficiente como para asegurarse de que es necesario su propio estudio en ese sector, y que está plenamente familiarizado con el estado actual del conocimiento en ese campo problemático. Tiene que ejercitar su propio juicio para establecer en qué momento se considera adecuadamente informado (Hayman, 1968).

Si se está convencido que La búsqueda bibliográfica es un proceso cuyo objetivo es identificar y localizar bibliografía sobre un determinado tema. Este proceso se divide en varias etapas (Consejería de Sanidad, 2012):

- Como etapa previa, es fundamental tener claro el objetivo de la búsqueda y cuál es la necesidad de información.

- Identificar los conceptos sobre los que se desea obtener información y hacer una relación de los términos que los van a representar. Para ello se podrán utilizar tesauros y diccionarios terminológicos, y así localizar sinónimos, variantes ortográficas, abreviaturas y términos relacionados.

- Seleccionar la fuente de información a consultar. Para ello previamente deberemos conocer la cobertura documental, temporal y temática, así como el idioma en que se tiene que plantear la búsqueda, y familiarizarnos con su funcionamiento.

- Plantear la estrategia de búsqueda. - Comenzar la estrategia de búsqueda y revisar el resultado obtenido. - Si fuese necesario, modificar la búsqueda y volver iniciarla.

Según Gosling y Noordam (2011), se sabrá que se ha realizado una búsqueda de literatura exhaustiva cuando haya realizado las siguientes tareas:

- Se identificaron los artículos más recientes (últimos 10 años, más artículos seminales) sobre el tema de investigación.

- Se ha ojeado cada artículo y preparado un breve resumen de cada uno.

- Se evaluó cada artículo para determinar las fortalezas y debilidades de la configuración experimental, métodos y procedimientos utilizados, recolección de datos y análisis.

FUENTES DE INFORMACIÓN.

Es muy importante que los usuarios sepan qué, cómo y cuáles fuentes de información debe de utilizar para poder satisfacer sus necesidades informativas, incluyendo los recursos que se ofrecen en las Bibliotecas y los externos a ella como en la Web.

Las fuentes de información son instrumentos para el conocimiento, búsqueda y acceso a la información. La difusión del uso de la comunicación a través del ordenador y de flujos de información a través de Internet, adquiere una importancia estratégica decisiva en las sociedades desarrolladas. Esta importancia será cada vez mayor para dar forma a la cultura futura y aumentará la ventaja estructural de las elites que han determinado su formato. Las fuentes de información útiles para cualquier tipo de estudio y estar al corriente de los nuevos avances en un campo de conocimiento determinado se recurre a las distintas fuentes de información que ofrezcan respuestas concretas a unas determinadas cuestiones previamente planteadas. La utilidad de las fuentes de información viene determinada por su respuesta a la necesidad de información de los usuarios (Muñoz-Muñoz, 2011).

También se denomina fuente de información a todo aquel documento físico o electrónico que contiene datos útiles para satisfacer las necesidades de información de un usuario determinado. Las fuentes de información son instrumentos para el conocimiento, búsqueda y acceso a la información.

Podemos considerar las fuentes de información como todos aquellos recursos y herramientas que nos ayudan a buscar, localizar e identificar información. Las fuentes de información son muy diversas y pueden obedecer a diferentes tipologías, entre las que destaca aquella que las divide, según el grado de información que proporcionan, en fuentes primarias, secundarias (Barrós, 2014) y terciarias (Cortés Cortés e Iglesias León, 2004; Vera Carrasco, 2009).

Según Miyahira (2017), la publicación científica se puede clasificar en: primaria, secundaria, terciaria y cuaternaria. La publicación primaria es la que publica resultados originales de investigación; la secundaria agrupa y sintetiza la información disponible, por ejemplo, revisión de temas y revisiones sistemáticas; la terciaria publica información que ha dejado de ser controversia, ejemplo los libros de texto, y la cuaternaria, es la información de divulgación hacia la comunidad no científica escrita por los propios investigadores.

Las revistas científicas son las publicaciones que contienen resultados de investigación, pero también publican otros tipos de contribuciones específicas como editoriales, revisiones de temas, revisiones sistemáticas, opiniones, por mencionar algunos. Los libros de texto, manuales, *handbooks*, enciclopedias, reportes técnicos, entre otros, son productos de uno o varios autores que tratan un tema general o específico, con información que ha dejado de ser controversia. Además, los gobiernos, académicos, empresas e industrias producen material publicado como reportes, posters científicos, presentaciones, folletos, etc., que no está controlado por un editor comercial; esto es lo que algunos llaman "literatura gris".

El uso de Internet ha creado nuevos tipos de documentos y nuevas formas de trabajar con los datos e información. Al inicio la publicación electrónica representaba la contraparte de los documentos impresos, ahora ha evolucionado en nuevos tipos de material como *blogs*, *wikis*, páginas personales, listas de discusión, data vinculada y archivos pre y pos impresos, por mencionar algunos. A esto se suma el aumento del interés del periodismo en la difusión del conocimiento científico, en especial los relacionados con la salud, a través de los diarios, sus suplementos y sus portales en Internet.

"Todo aquello que suministre una noticia, una información o un dato, que, en definitiva, pueda transmitir conocimiento, se considera una fuente de información... También incluye los servicios, como las bases de datos, instituciones y personas"

3.1. FUENTES PRIMARIAS

Una fuente primaria es aquella que genera y elabora la información y que, por tanto, nos ofrecerá información de primera mano, original (Barrós, 2014; Martín y Lafuente, 2017). Estas fuentes son garantía de una información de calidad, precisa, fiable y actualizada (Barrós, 2014).

Los primarios constituyen fuentes de primera mano, es decir edición original presentada íntegramente.

- ✓ Ventajas: Información de primera mano
- ✓ Desventajas: Apreciación crítica
- ✓ Cuando usarla: Proceso de investigación

Fuentes primarias son los libros, artículos, revistas, monografías, tesis disertaciones, documentos oficiales, reportes de asociaciones, trabajos presentados en conferencias o seminarios, artículos periodísticos, testimonios de expertos, películas, documentales, videocintas, foros, páginas Web, artículos de Internet y otros (Cortés Cortés e Iglesias León, 2004).

Las fuentes primarias de datos son más confiables que las fuentes secundarias, ya que los reportes de investigación de primera mano pueden ser juzgados con una mayor validez que los sumarios de otras personas (López-Pérez y Juárez-López, 2012).

En una fuente primaria el autor da un informe directo acerca de su trabajo. Junto con el informe acerca del estudio o serie de estudios que ha realizado, nos expone sus propias interpretaciones los datos. La mayor parte de los artículos referentes investigaciones que aparecen en las revistas especializadas constituyen fuentes primarias. Estas fuentes proporcionan habitualmente más información acerca de un estudio que la que puede encontrarse en otro lugar, y dan por lo tanto al lector una base sobre la cual puede hacerse su propio juicio acerca del estudio y constituyen también una buena fuente de información, sobre la metodología, es decir, sobre los métodos de investigación utilizados. Sin embargo, el trabajo con las fuentes primarias requiere mucho tiempo a causa de la cantidad de material que hay que leer para abarcar cada estudio (Hayman, 1968).

Las revistas son el principal vehículo de comunicación de la información científica; contienen publicaciones originales de estudios científicos e información reciente (Vera Carrasco, 2009).

3.1.1. LOS LIBROS

Los libros de texto, por el retraso que condiciona el propio proceso editorial, en muchas ocasiones contienen información obsoleta en el momento de ser publicados (González de Dios, 2003).

Los libros electrónicos han renovado el concepto tradicional de libro, favoreciendo la socialización de la lectura, la participación del usuario y la ruptura de la cadena tradicional de la edición. Las empresas editoriales se han ido adaptando al nuevo contexto con propuestas novedosas, en las que el contenido reviste una importancia cada vez mayor (Cordón-García y Lopes, 2012).

Los libros-e son una alternativa en formato electrónico a los libros de siempre en formato papel, cada vez con más ofertas y abaratamiento de precios. Hoy día la Biblioteca Universitaria ofrece acceso a algunos títulos individuales, pero sobre todo a paquetes de libros-e, títulos seleccionados que son ofrecidos por una determinada "plataforma" (editorial o grupo editorial). Una vez dentro de una plataforma de libros-e podemos realizar búsquedas con funcionalidades similares a las de una base de datos (Arias Pacheco y Cuyan Chimbo, 2015).

3.1.2. REVISTAS.

Las revistas de información científica por lo general son publicaciones en serie, es decir, de publicación continuada, de allí que deben incluir un número asignado por la institución internacional de normas de publicaciones que se denomina ISSN (*International Standard Serial Number*). Las revistas pueden ser periódicas, es decir, que son publicadas a intervalos de tiempo regular (anual, semestral, etc., hasta semanal, en algunos casos son diarios), o pueden ser esporádicas, es decir, que se publican sin un intervalo de tiempo regular prefijado, sino que pueden aparecer varios números en un año, incluso en una misma fecha, o pueden pasar varios años sin aparecer. El *Annual Review of Ecology* es anual, mientras que *Nature* y *Science* son semanales. Uno de los mayores significados científicos de las revistas es la actualidad de la información suministrada. Esto se basa principalmente en su periodicidad y lo relativamente corto de los artículos, en comparación con los libros que requieren una laboriosa, ardua y larga preparación. Por lo general, las revistas científicas incluyen además de su identificación y tabla de contenido, un editorial, artículos originales, revisiones "bibliográficas", notas y comentarios sobre temas muy actuales, cartas al editor (que son comentarios muy breves sobre temas relacionados con la revista), y las cuales a veces son respondidas por otros "correspondientes" a favor o en contra de la opinión inicial, noticias (nuevas terapias, equipos, materiales, fármacos, "software", etc.) y agendas de congresos y otras reuniones científicas relacionadas con la materia de la revista.

Las revistas son el medio de difusión del conocimiento humano, tanto científico como humanístico, preferido por los autores, especialmente cuando se trata de grandes hitos (en inglés: *breakthrough*) como el caso del trasplante del corazón, la estructura del ADN, la clonación de mamíferos, el genoma humano, etc. Lógicamente no todos los días aparece un gran desarrollo científico, pero sí innumerables aportes con un rango muy amplio de importancia, originalidad y significado para la ciencia, es decir, unos que aportan muy poco y otros que aportan mucho. Pero la ciencia se construye poco a poco, como un castillo, un palacio o una casa, es decir, ladrillo a ladrillo, de tal manera que cada artículo publicado debe ser un aporte (o ladrillo) sin el cual nunca estará "completo" el conocimiento humano (castillo, palacio o casa). Por esta razón, actualmente existen en el mundo varios miles de revistas científicas (Salinas, 2012).

Es útil familiarizarse con los diferentes tipos de artículos publicados en las revistas. Aunque puede parecer que hay un gran número de tipos de artículos publicados debido a la gran variedad de nombres utilizados, la mayoría de los artículos publicados pertenecen a uno de los siguientes tipos; Investigación Original, Artículos de Revisión, Informes cortos o Cartas, Estudios de Caso, Metodologías.

3.1.3. INVESTIGACIÓN ORIGINAL.

Este es el tipo más común de manuscrito de revista utilizado para publicar informes completos de los datos de la investigación. Puede ser llamado Artículo Original, Artículo de Investigación, Investigación, o simplemente Artículo, dependiendo de la revista. El formato de Investigación Original es conveniente para muchos diversos campos y tipos de estudios. Incluye una Introducción completa y secciones de Métodos, Resultados y Discusión.

En *Nature*, los artículos originales de investigación son reportes de investigación original cuyas conclusiones representan un avance substancial en el entendimiento de un problema importante y son de un amplio interés general. Normalmente no exceden de 5 páginas y no tienen más de 50 referencias (una página de texto no diluido tiene cerca de 1,300 palabras). Tienen un sumario sin referencias, separado del texto principal, de hasta 150 palabras, el cual no contiene números, abreviaturas o mediciones, a menos que éstas sean esenciales. El párrafo de apertura, al igual que el de la carta, informa brevemente del contexto y la razón del trabajo, seguido de un informe de las conclusiones principales, precedidas por la frase 'Aquí mostramos ...' o un equivalente. El artículo en sí comienza con 500 palabras de texto referenciado expandiendo el contexto del trabajo (puede aceptarse algo de redundancia con el sumario), antes de proceder a un informe conciso, enfocado en los hallazgos y termina con una discusión de uno o dos párrafos cortos. Pueden incluirse unos cuantos sub-encabezados de no más de 40 caracteres cada uno.

Los títulos no deben exceder de 30 caracteres cada uno, incluyendo espacios, y normalmente no deben incluir números, acrónimos, abreviaturas o puntuaciones, a menos que dos puntos sean esenciales. Aunque la investigación original se publica principalmente en cartas y artículos, existen otro tipo de documentos científicos que publican las revistas.

3.1.4. ARTÍCULOS DE REVISIÓN:

Los Artículos de Revisión proporcionan un resumen amplio de la investigación sobre un cierto tema, y una perspectiva sobre el estado y perspectivas futuras del campo científico. A menudo son escritos por los líderes de una disciplina particular a petición de los editores de una revista. Las Revisiones suelen ser ampliamente leídas (por ejemplo, por investigadores que buscan una introducción completa a un campo) y muy citadas. Las Revisiones citan generalmente alrededor de 100 artículos primarios del campo de investigación.

En la revista *Nature*, los artículos de revisión corresponden a dos categorías: los artículos de revisión y los artículos de avances.

Los artículos de revisión examinan los desarrollos recientes en un área específica de la investigación científica u, ocasionalmente, en un rango más amplio. Generalmente no ocupan más de 6 páginas y presentan menos de 100 referencias, idealmente 50, despliegan elementos y cajas explicativas (usadas para la explicación de puntos técnicos o material que sirva como marco de referencia). La mayoría de las colaboraciones son por comisión. Pero si algún autor se interesa en publicar una revisión, entonces debe enviar una sinopsis de ésta al comité editorial para su consideración. La revisión informa a una amplitud de lectores acerca de los campos en los que se tienen avances recientes e importantes. Se enfocan sobre un aspecto específico de un campo en lugar de proveernos de un amplio examen de la literatura. Pueden ser controvertidos, en cuyo caso inician brevemente los puntos de vista opuestos. No están enfocados sobre los propios trabajos del autor. Su lenguaje puede ser sencillo, y los conceptos nuevos se definen y se explica la terminología especializada. Las revisiones son arbitradas por pares y editadas substancialmente en acuerdo con el autor.

Artículos de avances, son revisiones cortas de campos específicos de rápido movimiento, y no exceden 4 páginas. Son similares a los artículos de revisión excepto por lo siguiente:

- No ocupan más de cuatro páginas de *Nature*, incluyendo el despliegue de figuras y referencias.
- Se enfocan en documentos actuales de interés notable que están estableciendo nuevos estándares en el campo.
- Los autores pueden discutir su propio trabajo, pero aclarando en el texto que es su punto de vista personal, más que un consenso.
- Su título es breve (por lo general no más de un renglón) y relativamente informal.

Si desea escribir una Revisión, pero no ha sido invitado por una revista, asegúrese de consultar el sitio web de la revista ya que algunas no consideran las Revisiones no solicitadas. Si el sitio web no menciona si las revisiones son encargadas, es aconsejable enviar una carta de solicitud de información al editor de la revista, antes de la presentación, para proponer el manuscrito de su Revisión antes de dedicar tiempo a escribirlo.

3.1.5. MINI REVISIONES.

En algunas revistas periódicas, se publican otra clase de artículos de revisión, como las denominadas mini revisiones, las cuales se enfocan estrechamente en tratar un concepto nuevo y específico, o una deficiencia de datos en un área específica. Aunque su formato es flexible, no deben exceder más de seis páginas de la revista. No incluyen un resumen. Son revisadas por pares y se busca lograr de ser posible, su rápida aceptación. Son identificados expresamente con el encabezado *mini-review*.

3.1.6 CARTAS.

Estos artículos comunican informes breves de datos de investigación original que los editores creen que serán interesantes para muchos investigadores y que probablemente estimularán más la investigación en su área. Como son relativamente cortos, el formato es útil para los científicos que presentan resultados que son sensibles al tiempo (por ejemplo, aquellos en disciplinas altamente competitivas o que cambian rápidamente). Este formato a menudo tiene límites de longitud estrictos, por lo que algunos detalles experimentales pueden no publicarse hasta que los autores escriban un manuscrito completo de la Investigación Original. Estos artículos también se llaman a veces Comunicaciones breves.

En la revista *Nature*, generalmente no exceden las 2.5 páginas que equivalen a 1,500 palabras de texto, excluyendo las leyendas de los cuadros y figuras y la sección de métodos si se tuviera. Pueden incluir hasta 4 imágenes pequeñas y tienen menos de 30 referencias. Inician con un solo párrafo de no más de 180 palabras, usando referencias y está escrito para lectores de otras disciplinas. Este párrafo contiene un sumario del contexto y la razón del trabajo, seguido por un informe de las conclusiones, las cuales se presentan con la frase 'Aquí mostramos ...' o un equivalente. Puede permitirse un párrafo de introducción breve acerca de los materiales, pero después de esto el texto principal debe confinarse a una descripción breve de los hallazgos, con solo un párrafo corto de discusión.

3.1.7. ESTUDIOS DE CASO:

Estos artículos informan sobre casos específicos de fenómenos interesantes. Un objetivo de los Estudios de Caso es hacer que otros investigadores conozcan la posibilidad de que un fenómeno específico pueda ocurrir. Este tipo de estudio se utiliza a menudo en la Medicina para informar de la aparición de patologías previamente desconocidas o emergentes.

3.1.8. METODOLOGÍAS O MÉTODOS:

Estos artículos presentan un nuevo método experimental, prueba o procedimiento. El método descrito puede ser completamente nuevo o puede ofrecer una versión mejorada de un método existente. El artículo debe describir un avance demostrable sobre lo que está actualmente disponible.

3.2. FUENTES SECUNDARIAS.

Fuentes secundarias que son los resúmenes referencias en donde se mencionan y comentan brevemente artículos, libros, tesis, disertaciones y otros documentos, relevantes en el campo de dicha investigación (Cortés Cortés e Iglesias León, 2004), las fuentes secundarias son aquellas que reelaboran, sintetizan y reordenan la información de las fuentes primarias (Martín y Lafuente, 2017), estas ayudan a detectar las referencias necesarias, permiten localizar fuentes primarias y habitualmente es la estrategia más frecuentemente utilizada. Son compilaciones, resúmenes en revistas y listados de referencias publicadas en un área del conocimiento en particular, ejemplo de esto son las bases de datos electrónicas como el *MEDLINE* (NLM), *INDEX MEDICUS, LILACS, EMBASE*, etc. y fuentes de información en revistas basadas en la evidencia como ACP *Journal Club, Evidence Based Nursing, Best Evidence, Cochrane*, etc. (Vera Carrasco, 2009).

- ✓ Ventajas: Facilita acceso a las fuentes primarias
- ✓ Desventajas: Familiarizarse con el uso de base de datos. Cobertura de la base de datos.
- ✓ Cuando usarla: Para encontrar fuentes primarias

En las fuentes secundarias de información, el autor informa acerca de trabajos realizados por otras personas, y trata por lo común de abarcar todos los estudios importantes en ese sector. La ventaja de las fuentes secundarias consiste en que permiten economizar tiempo dedicado a la lectura. La desventaja reside en que el lector depende de los juicios respecto de partes importantes y pertinentes del estudio (Hayman, 1968).

Es importante el aproximarnos a un tema mediante fuentes secundarias como tratados, manuales, libros de texto, enciclopedias, diccionarios, *handbooks*, *reviews*, buscadores y portales de Internet, etc.

3.3. FUENTES TERCIARIAS

Fuentes terciarias que son los compendios directorios de títulos, revistas, autores, organizaciones científicas, catálogo de libros y otros, son documentos que compendian nombres y títulos de estas fuentes antes mencionadas. Son útiles para detectar fuentes no documentales (Cortés Cortés y Iglesias León, 2004). son aquellas donde puede obtenerse información para detectar a través de ellas las fuentes primarias o secundarias de interés, por ejemplo, son los libros de texto, libros de texto de referencia general, artículos de revisión, compendios farmacéuticos, etc. (Vera Carrasco, 2009).

- ✓ Ventajas: Recopilación de fuentes especializadas.
- ✓ Desventajas: Desactualización.
- ✓ Cuando usarla: Conocer fuentes secundarias, antecedentes.

Cuando no se sabe absolutamente nada del tema uno debe recurrir a estas fuentes, que son lugares donde puede obtenerse información para detectar a través de ellas las fuentes primarias o secundarias de interés, ejemplo son las instituciones nacionales e internacionales al servicio de la investigación como bibliotecas, sociedades científicas, etc. (Merino-Trujillo, 2011).

3.4. FUENTES CUATERNARIAS.

Las fuentes cuaternarias de información son en esencia sistemas informáticos, generalmente institucionales o comerciales, que permiten acceder (mediante subscripción pagada o gratis), por computadoras a las bases de datos, a los títulos, autores y, en algunos casos, a los resúmenes o a los artículos o libros completos (*full text*). Algunos ejemplos son: *BRS, GTE TELNET, PAPERCHASE* y muchos otros más. Hoy día, casi todas las empresas editoriales de libros y revistas (Elsevier, MacGraw-Hill, etc.) tienen sitios en la Web que fungen como fuentes cuaternarias de información (a veces primaria, secundaria y terciaria) .

3.5. LITERATURA GRIS.

Como literatura gris se entienden aquellas publicaciones que se producen y distribuyen fuera de los canales tradicionales. Antiguamente se centraba casi exclusivamente en todo lo no publicado, pero en la actualidad se considera así cualquier documento que tenga dificultades para ser localizado o consultado. Incluye distintos tipos de documentos, entre otros, bases de datos de investigaciones en marcha, congresos y su producción documental (actas), estadísticas, conferencias, imágenes médicas y tesis doctorales. La NLM (Estados Unidos), en la publicación del *National Information Center on Health Services Research and Health Care Technology*, dispone de un capítulo dedicado a la literatura gris con una información detallada de contenidos y de estrategias de búsqueda (Del Cura González y Sánchez-Celaya del Pozo, 2007). Literatura gris es la que los organismos internacionales han clasificado como de escaso tiraje (número de ejemplares), escasa distribución (a veces local o institucional), uso restringido (información industrial o confidencial), de difícil acceso al público en general, por no estar disponible en bibliotecas, Internet, etc.

Dentro de esta categoría se incluyen algunas revistas y boletines, actas y memorias de reuniones científicas, pero especialmente las tesis, trabajos de ascenso, informes técnicos, documentos de trabajo, resúmenes ejecutivos, documentos en general, archivos institucionales y personales, correspondencia pública o privada, panfletos, publicidad, etc. En algunos casos esta es la única fuente de información sobre un tema particular y por tanto, a pesar de que la recomendación general es evitar usar la literatura gris, es referencialmente la investigación (Salinas, 2012).

Las publicaciones de literatura gris incluyen, pero no se limitan a, los siguientes tipos de documentos: informes gubernamentales, informes de organizaciones profesionales, documentos técnicos, actas de conferencias, reuniones y simposios, disertaciones doctorales y tesis (http://www.greylit.org). Reportes de *Gobierno de National Institutes of Health* (NIH.gov), *Agency for Healthcare Research and Quality* (AHRQ.gov), *Centers for Medicare and Medicaid Services* (cms.gov), y *Health Resources and ServicesAdministration* (HRSA.gov) son valiosos para ayudar a identificar las investigaciones y problemas de salud actuales (Adorno *et al.*, 2016).

Bases de datos de literatura gris son también PASCAL (disponible en OVID por suscripción) y TESEO22. Esta última es una base de datos del Consejo de Universidades del Ministerio de Educación y Ciencia, que recoge y permite recuperar información acerca de tesis doctorales leídas en las universidades españolas desde 1976. La Biblioteca Virtual Miguel de Cervantes localiza tesis por autor, título, universidad o materia; algunas de las tesis están a texto completo. Una interesante herramienta para localizar tesis es *Cybertesis*, un portal cuyo objetivo es proporcionar una herramienta de consulta, que permite localizar tesis electrónicas publicadas a texto completo en diferentes universidades del mundo (Del Cura González y Sánchez-Celaya del Pozo, 2007) .

Además, la literatura gris (material que no se publica formalmente, como informes institucionales o técnicos, documentos de trabajo, procedimientos de conferencias u otros documentos que normalmente no están sujetos a control editorial o revisión por pares) se busca utilizando motores de búsqueda especializados, bases de datos o sitios Web (Hemingway y Brereton, 2009).

HERRAMIENTAS DE BÚSQUEDA.

La capacidad de aprendizaje de los humanos se encuentra íntimamente relacionada con su habilidad para analizar, organizar y recuperar la información y el conocimiento; reconociendo patrones, comparando experiencias, conceptos e ideas y buscando relaciones entre todos ellos (Yedid, 2016) en las fuentes de información.

¿A qué llamamos fuentes de información? Es un término muy general, que incluye las herramientas de búsqueda y cualquier otro depósito, archivo, colección o conjunto de publicaciones (e incluso documentos sueltos).

¿A qué llamamos herramientas de búsqueda? A servicios o archivos digitales que sirven como índice para localizar la información que necesitas entre las grandes cantidades de información disponible o existente (Martínez, 2013).

Son instrumentos que permiten a los usuarios, de manera interactiva, localizar información disponible en Internet. Como resultado de la exploración se presenta una organizada lista de documentos que cumplen completa o parcialmente los criterios exigidos (Castrillón-Estrada *et al.*, 2008) y extraer información de la misma, de modo que los usuarios pueden disponer de todos aquellos documentos y contenidos, justo en el momento en que necesitan consultarlos (Quintanilla Juárez, 2014).

Las herramientas de búsqueda de literatura varían en múltiples aspectos, incluidas las bases de datos u otras fuentes utilizadas para escanear la literatura publicada, los algoritmos de búsqueda empleados, las funciones de consulta permitidas, la visualización de la página de salida y la capacidad de procesar/analizar más a fondo las citas (Bajpai *et al.*, 2011).

Los catálogos de la biblioteca, las bases de datos y los motores de búsqueda son las herramientas más útiles para la búsqueda de información.

Las principales características de estas herramientas de búsqueda son:

- ✓ La búsqueda se realiza por palabras clave.
- ✓ Los resultados se presentan con una prioridad en función de la posición, proximidad y número de apariciones de las palabras clave.
- ✓ El proceso de clasificación de las páginas se realiza de forma automática.
- ✓ Baja relevancia en las respuestas.

La baja relevancia en las respuestas es consecuencia directa del hecho de que las páginas son clasificadas de forma automática.

Herramientas de búsqueda. Internet ofrece herramientas tanto para la estrategia de navegación como para la interrogación. Ellas son:

- ✓ Directorios
- ✓ Motores de búsqueda
- ✓ Metabuscadores
- ✓ Bases de datos
- ✓ Repositorios

En relación con las herramientas, distinguir entre: navegadores, como Explorer o Mozilla, que son el vehículo para ver la información que contiene una página de Internet; herramientas de búsqueda de información (Gutiérrez Gómez y Serrano Sánchez, 2018). Las herramientas más utilizadas en la actualidad para recuperar información de la Web son las bases de datos, los motores de búsqueda y los directorios (Castrillón-Estrada *et al.*, 2008), y otras herramientas de gestión de la información digital como gestores de referencias bibliográficas.

La interacción con las herramientas de búsqueda ocupa sólo una parte del tiempo en la búsqueda y recuperación, y en ninguna medida es lo que garantiza encontrar información con la calidad requerida. Si se quiere satisfacer las necesidades informativas con información de calidad, es necesario ejecutar un proceso organizado y estructurado (Stuart Cárdenas *et al.*, 2011).

Los catálogos de la biblioteca, las bases de datos y los motores de búsqueda son las herramientas más útiles para la búsqueda de información.

4.1. BASE DE DATOS.

La Base de Datos, es un conjunto de información almacenada que permite acceso directo y un conjunto de programas que manipulan esos datos. Un conjunto de datos almacenados entre los que existen relaciones lógicas y ha sido diseñada para satisfacer los requisitos de información de una entidad u organización. Colección de datos organizados y estructurados según determinado modelo de información que refleja los datos en sí mismos, pero también las relaciones que existen entre ellos (Benavente, 2018).

Una base de datos es la organización estructurada de un conjunto de información con al menos una característica en común que permite su agrupación. Además, permite la recopilación de la información para su posterior recuperación, para lo cual generalmente ofrece un motor de búsqueda interno que utiliza características especiales de cada artículo, con el fin de lograr una rápida y eficaz ubicación. Son denominadas fuentes secundarias, porque contienen información elaborada que hace referencia a fuentes primarias (Castrillón-Estrada *et al.*, 2008).

Las Bases de Datos (Benavente, 2018):

- Ofrecen el dato o el documento completo o su representación
- Pueden contener textos completos de los documentos recopilados: bases de datos de artículos de revistas y otros documentos, base de datos jurídicas,..
- Permiten diversas estrategias de búsqueda.
- Se puede limitar la búsqueda por fecha, tipo de documento, tipo de presentación, textual,
- Permiten la descarga de los documentos en diversos formatos (pdf, html, Word…)

Clasificación.

Según su contenido, las bases de datos se pueden clasificar en bibliográficas y de texto completo. Las primeras tienen como objetivo fundamental la organización de referencias y pequeños resúmenes, pero nunca brindan acceso al texto completo de un documento, en razón a que ésta es la competencia fundamental de las bases de datos de texto completo. Existen bases de datos que recopilan información de varios países del mundo, mientras que otras son exclusivas de un país o una región determinada, la cual es otra diferencia fundamental al momento de realizar una búsqueda (Castrillón-Estrada *et al.*, 2008).

Benavente (2018), clasifica a las bases de datos de la siguiente forma:

Según su tipo de información

a) Referenciales (solo contienen referencia), contienen referencias bibliográficas de documentos, pero no los documentos en sí, aunque en algunos casos pueden tener enlaces al texto completo si la Institución que la contrata tiene suscripción con las editoriales a este contenido. Ej. *Scopus*, *Medline*, etc.
b) A texto completo (contienen toda la información), además de las referencias bibliográficas contienen los documentos a texto completo, artículos, libros, legislación, normas, etc. Ej. *Sabi*, *Abi Inform*, La Ley, etc.

- Según la presentación de los datos:

a) Textuales
b) Numéricas
c) Icónicas (imagen)

- Según el contenido (la materia):

  a) Multidisciplinarias (diversos temas), agrupan varias disciplinas científicas (por ejemplo, *Scopus, Web of Science*, Dialnet).
  b) Especializadas o Temáticas (jurídicas, físicas, literatura, arte, de prensa, etc). recogen publicaciones sobre un área científica determinada: Medicina, Química, Física. (ej. *Medline, Inspec, Chemical Abstracts*).

PubMed fue diseñado por el *National Center for Biotechnology Information* (NCBI) en la *National Library Medicine* (NLM), para proporcionar acceso a las citas de las principales revistas biomédicas. Estas referencias proceden de *Medline* y revistas de biología adicionales

Medline (www.ncbi.nlm.nih.gov/PubMed/) Desarrollada desde 1950 por la NLM (Estados Unidos), contiene unos 15 millones de referencias bibliográficas provenientes de unas 4.600 revistas de todo el mundo. Cubre los campos de medicina, enfermería, farmacia, odontología, veterinaria, sistemas de cuidados de la salud y ciencias básicas, y presenta una estructura basada en la indización por campos combinables entre sí. Representa la versión automatizada del índice impreso *Index Medicus*, y el 75% de su contenido lo constituyen citas en inglés. Se puede acceder a Medline desde distintas plataformas, y de éstas la más conocida es PubMed, por ser de acceso gratuito (www.Pubmed.com). Medline, como otras bases de datos, cuenta con un campo de descriptores o palabras clave que describen el contenido del documento y se encuentran recopiladas en los tesauros (listados alfabéticos de términos que además muestran las relaciones semánticas y jerárquicas entre todos ellos). El tesauro de la NLM es el *Medical Subjets Headings* (MeSH) (Del Cura González y Sánchez-Celaya del Pozo, 2007).

Embase Producida por Elsevier, es la versión automatizada del repertorio impreso Excerpta Médica. Contiene más de 7 millones de referencias, recoge citas de 3.800 revistas pertenecientes a 70 países, está más enfocada a revistas médicas europeas que Medline, por lo que resulta un buen complemento de ésta. Cubre aspectos relacionados con la biomedicina y es especialmente interesante por la cobertura que tiene en el ámbito farmacológico. Utiliza un tesauro jerarquizado (*Emtree*) y tiene un carácter selectivo y analítico. Sólo aparecen artículos de una cierta calidad. Su inconveniente es que no es gratuita. Entre sus posibles accesos esta la dirección de http://www.embase.com/ y la plataforma OVID. III (ISCIII) son el IBECS (Índice Bibliográfico en Ciencias de la Salud), y BDIE (Base de Datos para la Investigación en Enfermería).

Dispone también de enlaces al resto de bases de las Bases Virtuales de Salud (BVS), directorios y catálogos de revistas. De estos últimos, cabe destacar el SeCS, Revistas de Ciencias de la Salud/Colecciones de la Red BIREME, y el C1720, catálogo colectivo de publicaciones periódicas de las Bibliotecas de Ciencias de la Salud Española, elaborado por el ISCIII que permite conocer las revistas que se encuentran en las bibliotecas españolas, la conexión a estas bibliotecas, ver años disponibles y condiciones de utilización o suministro de documentos (Del Cura González y Sánchez-Celaya del Pozo, 2007).

Bases de la biblioteca virtual en salud: LILACS Producida por BIREME (Centro Latinoamericano y del Caribe de Información en Ciencias de la Salud) perteneciente a la Organización Panamericana de Salud (OPS) y ubicado en Brasil, produce diversas bases de datos especializadas en bibliográfica médica generada en Iberoamérica (http://www.bireme.br/bvs/E/ehome.htm). La principal base de datos es la LILACS (literatura Latinoamericana y del Caribe en Ciencias de la Salud). Contiene artículos de cerca de 670 revistas y otros documentos como tesis, capítulos de libros, anales de congresos o conferencias, informes científico-técnicos y publicaciones gubernamentales. Está disponible en portugués, español e inglés, y recoge lo publicado desde 1982. Otras bases de datos disponibles en la versión españolas BVS-España patrocinada por el Instituto de Salud Carlos (Del Cura González y Sánchez-Celaya del Pozo, 2007).

4.2. BASES DE DATOS POR TEMAS.

4.2.1 AGRICULTURA - MEDIO AMBIENTE:

ACADEMIC SEARCH ULTIMATE (EBSCO) (www.ebsco.com/products/research-databases/academic-search-ultimate): Bibliografía multidisciplinar internacional, que recoge unas 12.000 revistas, en muchos casos a texto completo. Todos los campos de Ciencias y Ciencias Sociales.

AGRICOLA (http://www.nalusda.gov/ag98/): Agricultura, Medio Ambiente, Ecología, Ciencias de la Tierra.

AGRIS (http://www.fao.org/agris/): Agricultura, Medio Ambiente, Ciencias de la Tierra, Ecología, etc.

CAB ABSTRACTS (www.cabi.org/publishing-products/cab-abstracts/): Base de datos con contenido en Agricultura, Medio Ambiente, Ciencias de la Tierra, Nutrición, Alimentación, Veterinaria, etc.

CONRICYT - Consorcio Nacional de Recursos de Información Científica y Tecnológica (https://www.conricyt.mx/): disponible para toda la comunidad científica de las Instituciones de Educación Superior (IES) y Centros de Investigación de México con el propósito de lograr el acceso ágil a los textos completo y actualizados de las publicaciones científicas y tecnológicas de las editoriales con mayor prestigio mundial.

DIALNET (https://dialnet.unirioja.es): Multidisciplinar, todas las áreas de Ciencias y Ciencias Sociales. Libros, artículos y tesis a texto completo en muchos casos.

EBI Databases (European Bioinformatics Institute) (www.ebi.ac.uk/): Colección de herramientas y Bases de Datos sobre Biología, Genética, Bioinformática Ciencias de la Vida de la organización *European Bioinformatics Institute* (EMBL-EBI)

INDEX TO ORGANISM NAMES (ION) (http://www.organismnames.com/): Nombres de organismos de animales, fósiles, virus y bacterias, datos taxonómicos para identificar cualquier organismo, base de datos generada por *Clarivate Analytics' Zoological Record®.*

INDICES (CSIC) (https://indices.csic.es/): Información y Documentación de la Ciencia en España (ÍnDICEs-CSIC) es un recurso bibliográfico multidisciplinar que recopila y difunde principalmente artículos de investigación publicados en revistas científicas españolas. Incluye las bases de datos anteriormente conocidas como *Icyt, Isoc e Ime.*

IPNI (The International Plant Names Index) (www.ipni.org/): Bases de datos de nombres de plantas, semillas, helechos y licofitos, con datos bibliográficos asociados.

PLANT VARIETY DATABASE (https://ec.europa.eu/food/plant/plant_propagation_material/plant_variety_catalogues_databases_en): Herramienta de búsqueda de cualquier variedad de plantas y especies vegetales que pueden encontrarse en la Unión Europea

SCIENCEDIRECT (Elsevier) (www.sciencedirect.com): Portal de revistas y libros electrónicos de la editorial Elsevier a texto completo. Cubre todas las áreas de las Ciencias y Ciencias Sociales.

SCILIT (Scientific Literature) (https://www.scilit.net): Base de datos multidisciplinar que recopila publicaciones científicas registradas en *Crossref.* Elaborada por la editorial MDPI

SCOPUS (www.elsevier.com/es-mx/solutions/scopus): Multidisciplinar, todas las áreas de Ciencias y Ciencias Sociales. Métricas de impacto, SJR (*Scimago Journal Rank)*

SPRINGER LINK (https://link.springer.com): Portal de revistas y libros electrónicos de la editorial Springer a texto completo.

VITIS-VEA (Viticulture and Enology Abstracts) (https://www.vitis-vea.de): Base de datos bibliográfica sobre Viticultura y Enología desde 1969 a 2010.

WEB OF SCIENCE (WOS) (https://www.webofknowledge.com): Multidisciplinar, todas las áreas de Ciencias y Ciencias Sociales, Bibliografía procedente de una selección de más de 10.000 revistas. Consulta del Factor de Impacto de revistas y citas recibidas por artículos.

4.2.2. DERECHO - LEGISLACIÓN - JURISPRUDENCIA:

ARANZADI INSTITUCIONES (https://biblioguias.biblioteca.deusto.es/aranzadiinstituciones): Derecho, Legislación española y europea, Jurisprudencia, Doctrina, etc. Contiene también revistas y libros a texto completo.

BIBLIOTECA VIRTUAL TIRANT LO BLANCH (https://biblioteca.tirant.com): Portal de libros electrónicos de la editorial Tirant Lo Blanch sobre Derecho, Humanidades y Ciencias Sociales. Acceso a más de 3000 libros electrónicos a texto completo.

CONRICYT - Consorcio Nacional de Recursos de Información Científica y Tecnológica (https://www.conricyt.mx/): disponible para toda la comunidad científica de las IES y Centros de Investigación de México con el propósito de lograr el acceso ágil a los textos completo y actualizados de las publicaciones científicas y tecnológicas de las editoriales con mayor prestigio mundial.

DIALNET (https://dialnet.unirioja.es): Multidisciplinar, todas las áreas de Ciencias y Ciencias Sociales. Libros, artículos y tesis a texto completo en muchos casos.

INDICES (CSIC) (https://indices.csic.es/): Información y Documentación de la Ciencia en España (ÍnDICEs-CSIC) es un recurso bibliográfico multidisciplinar que recopila y difunde principalmente artículos de investigación publicados en revistas científicas españolas. Incluye las bases de datos anteriormente conocidas como Icyt, Isoc e Ime.

LA LEY DIGITAL (https://laleydigital.laleynext.es): Portal jurídico sobre Derecho, Legislación, Jurisprudencia, Doctrina. Contiene también revistas y libros electrónicos a texto completo.

SCILIT (Scientific Literature) Base de datos multidisciplinar que recopila publicaciones científicas registradas en Crossref. Elaborada por la editorial MDPI

VLEX (https://vlex.com.mx): Información jurídica con contenidos españoles y comunitarios, a texto completo. Proporciona Jurisprudencia (Tribunales de España y Unión Europea), Legislación (Códigos y normas refundidas españoles ; Boletines Oficiales: estatal, autonómicos), Doctrina (biblioteca virtual con libros, y revistas a texto completo), Modelos de Formularios y Contratos y Noticias y Convenios Colectivos.

VLEX - LIBROS ELECTRONICOS (www.bidi.unam.mx/index.php/cobertura-tematica/ver-todos-los-recursos/278-vlex-full): Libros electrónicos de Derecho, procedentes de las editoriales y de los juristas más prestigiosos. Todo a texto completo

4.2.3. CIENCIA Y TECNOLOGÍA:

ACADEMIC SEARCH ULTIMATE (EBSCO) (www.ebsco.com/products/research-databases/academic-search-ultimate): Bibliografía multidisciplinar internacional, que recoge unas 12.000 revistas, en muchos casos a texto completo. Todos los campos de Ciencias y Ciencias Sociales

ANALYTICAL ABSTRACTS (http://pubs.rsc.org/lus/analytical-abstracts): Base de datos de la RSC (Royal Society of Chemistry) con contenidos sobre Química Analítica

CHEMICAL ABSTRACTS (SCIFINDER) (www.cas.org/es/products/scifinder): Completa base de datos de Química con toda la bibliografía recogida en el *Chemical Abstracts* de la ACS desde 1907. Además, incluye datos de sustancias, reacciones y estructuras químicas, patentes y otras publicaciones. Requiere registro la primera vez que se accede.

COGPRINTS (http://cogprints.org/) Repositorio de preprints en áreas relacionadas con la Psicología, Lingüística, Filosofía y Ciencias Sociales en general.

CONRICYT - Consorcio Nacional de Recursos de Información Científica y Tecnológica (https://www.conricyt.mx/): disponible para toda la comunidad científica de las IES y Centros de Investigación de México con el propósito de lograr el acceso ágil a los textos completo y actualizados de las publicaciones científicas y tecnológicas de las editoriales con mayor prestigio mundial.

DBLP: COMPUTER SCIENCE BIBLIOGRAPHY (https://dblp.uni-trier.de) : Informática, Computación

DIALNET (https://dialnet.unirioja.es): Multidisciplinar, todas las áreas de Ciencias y Ciencias Sociales. Libros, artículos y tesis a texto completo en muchos casos.

FRANCIS – PASCAL (https://pascal-francis.inist.fr/inicio/): Base de datos con contenido Multidisciplinar, Ciencias y Ciencias Sociales de revistas a nivel mundial, pero sobre todo europeas.

GOOGLE ACADEMICO (Google Scholar): Buscador multidisciplinar basado en Google, seleccionando fuentes de información de contenido académico, bases de datos bibliográficas online, sobre todo, portales de revistas, catálogos de bibliotecas, etc.

INDICES (CSIC) (https://indices.csic.es/): Información y Documentación de la Ciencia en España (ÍnDICEs-CSIC) es un recurso bibliográfico multidisciplinar que recopila y difunde principalmente artículos de investigación publicados en revistas científicas españolas. Incluye las bases de datos anteriormente conocidas como *Icyt, Isoc e Ime.*

LENS.ORG (https://www.lens.org): Buscador de Patentes y artículos científicos a nivel mundial. Aporta datos de citas y textos completos si son *open acccess*.

RIBA Online. *Brisith Architectural LIbrary Catalogue* (www.architecture.com/image-library/library-catalogue.html): (Elaborado por la *Royal Institute of British Architects*. Es la más exhaustiva fuente de información sobre publicaciones de Arquitectura a nivel internacional.

SciELO (*Scientific Electronic Library Online*) (https://scielo.org/): Multidisciplinar, colección de revistas *Open Access* de todas las disciplinas, de países latinoamericanos. Ofrece métricas de citas e impacto.

SCIENCE CITATION INDEX: Ciencias en general en la *Web of Science (https://www.webofknowledge.com)*. Indice de citas y factor de impacto de revistas.

SCIENCEDIRECT (Elsevier) (www.sciencedirect.com): Portal de revistas y libros electrónicos de la editorial Elsevier a texto completo. Cubre todas las áreas de las Ciencias y Ciencias Sociales.

SCILIT (*Scientific Literature*) (https://www.scilit.net): Base de datos multidisciplinar que recopila publicaciones científicas registradas en *Crossref*. Elaborada por la editorial MDPI

SCITECH Connect (http://scitechconnect.elsevier.com): Base de datos del U.S. *Department of Energy* (DOE) que recoge publicaciones sobre todas las áreas de la Ciencia y la Tecnología, muchas a texto completo.

SCOPUS (www.elsevier.com/es-mx/solutions/scopus): Multidisciplinar, todas las áreas de Ciencias y Ciencias Sociales. Métricas de impacto, SJR (*Scimago Journal Rank*)

SPRINGER LINK (https://link.springer.com): Portal de revistas y libros electrónicos de la editorial Springer a texto completo.

TRIS (*Transportation Research Information Service*) (http://www.trb.org/InformationServices/InformationServices.aspx): TRIS combina los registros de TRB's *Transportation Research Information Services* (TRIS) y de *Transport Research Centre's International Transport Research Documentation* (ITRD). recoge más de un millón de referencias de investigación sobre transportes: informes técnicos, libros, actas de conferencias y artículos de revistas sobre planificación, diseño y construcción, materiales, aspectos ambientales, seguridad e higiene, transporte público, vehículos y gestión del tráfico, pasajeros y mercancías, tecnología de la información, oleoductos, ferrocarriles, carreteras y autopistas, aviación y transporte marítimo.

WEB OF SCIENCE (WOS) (https://www.webofknowledge.com): Multidisciplinar, todas las áreas de Ciencias y Ciencias Sociales, Bibliografía procedente de una selección de más de 10.000 revistas. Consulta del Factor de Impacto de revistas y citas recibidas por artículos.

4.2.4. CIENCIAS SOCIALES Y HUMANIDADES:

ACADEMIC SEARCH ULTIMATE (EBSCO) (www.ebsco.com/products/research-databases/academic-search-ultimate): Bibliografía multidisciplinar internacional, que recoge unas 12.000 revistas, en muchos casos a texto completo. Todos los campos de Ciencias y Ciencias Sociales

ANTHROPOLOGICAL INDEX ONLINE (https://aio.therai.org.uk): Antropología. Publicaciones de la Royal *Anthropological Institute* (RAI) en cooperacion con el *Anthropology Library and Research Centre del British Museum* de Londres. Cobertura 1957 a la actualidad

ARTS & HUMANITIES CITATION INDEX: Arte y Humanidades en *la Web of Science* (https://www.webofknowledge.com) Índice de citas.

BHA - Bibliography of the History of Art (https://primo.getty.edu/primo-explore/search?vid=BHA&lang=en_US): Bibliografía sobre Historia del Arte, libros, artículos y congresos publicados entre 1990 y 2007. No se actualiza.

BIBLIOTECA DIGITAL HISPANICA (http://www.bne.es/es/Catalogos/BibliotecaDigitalHispanica/Inicio/index.html): Portal libre y gratuito de documentos digitalizados de la Biblioteca Nacional de España.

BIBLIOTECA VIRTUAL TIRANT LO BLANCH (https://biblioteca.tirant.com): Portal de libros electrónicos de la editorial *Tirant Lo Blanch* sobre Derecho, Humanidades y Ciencias Sociales. Acceso a más de 3000 libros electrónicos a texto completo.

BLE. Bibliografía de la Literatura Española (https://proquest.libguides.com/ble): Literatura española desde la Edad Media a la actualidad.

CATÁLOGO COLECTIVO DEL PATRIMONIO BIBLIOGRÁFICO ESPAÑOL (http://catalogos.mecd.es/CCPB/cgi-ccpb/abnetopac/O12128/ID8bcee0ff?ACC=101): Este Catálogo tiene como objetivo la descripción y localización de los libros y otros fondos bibliográficos pertenecientes a bibliotecas españolas, públicas o privadas, que por su antigüedad, singularidad o riqueza forman parte del Patrimonio Histórico Español.

COGPRINTS (http://cogprints.org/): Repositorio de preprints en áreas relacionadas con la Psicología, Lingüística, Filosofía y Ciencias Sociales en general.

COMMUNICATION SOURCE (https://www.ebsco.com/products/research-databases/communication-source): Base de datos con referencias bibliográficas y textos completos sobre estudios de Comunicación: comunicación, lingüística, retórica, oratoria, más media y campos relacionados,

CONRICYT - Consorcio Nacional de Recursos de Información Científica y Tecnológica (https://www.conricyt.mx/): disponible para toda la comunidad científica de las IES y Centros de Investigación de México con el propósito de lograr el acceso ágil a los textos completo y actualizados de las publicaciones científicas y tecnológicas de las editoriales con mayor prestigio mundial.

DIALNET (https://dialnet.unirioja.es): Multidisciplinar, todas las áreas de Ciencias y Ciencias Sociales. Libros, artículos y tesis a texto completo en muchos casos.

FRANCIS – PASCAL (https://pascal-francis.inist.fr/inicio/): Base de datos con contenido Multidisciplinar, Ciencias y Ciencias Sociales de revistas a nivel mundial, pero sobre todo europeas.

GOOGLE ACADEMICO (Google Scholar) (https://scholar.google.com/): Buscador multidisciplinar basado en Google, seleccionando fuentes de información de contenido académico, bases de datos bibliográficas online, sobre todo, portales de revistas, catálogos de bibliotecas, etc.

INDICES (CSIC) (https://indices.csic.es/): Información y Documentación de la Ciencia en España (ÍnDICEs-CSIC) es un recurso bibliográfico multidisciplinar que recopila y difunde principalmente artículos de investigación publicados en revistas científicas españolas. Incluye las bases de datos anteriormente conocidas como *Icyt, Isoc e Ime.*

MLA (Modern Language Association) Bibliografía Internacional (https://www.mla.org/Publications/MLA-International-Bibliography): Base de datos bibliográfica sobre Lengua, Literatura, Lingüística, etc.

PHILARCHIVE - e-print archive in philosophy (https://philarchive.org/): Repositorio de publicaciones en acceso abierto sobre Filosofía.

RILA -Répertoire international de la littérature de l'art-(https://catalogue.bnf.fr/ark:/12148/cb344287884): Bibliografía sobre Arte y Literatura publicada entre 1975–1989. No se actualiza.

SciELO (Scientific Electronic Library Online) (https://scielo.org/): Multidisciplinar, colección de revistas *Open Access* de todas las disciplinas, de países latinoamericanos. Ofrece métricas de citas e impacto.

SCIENCEDIRECT (Elsevier) (www.sciencedirect.com): Portal de revistas y libros electrónicos de la editorial Elsevier a texto completo. Cubre todas las áreas de las Ciencias y Ciencias Sociales.

SCILIT (Scientific Literature) (https://www.scilit.net): Base de datos multidisciplinar que recopila publicaciones científicas registradas en *Crossref*. Elaborada por la editorial MDPI

SCOPUS (www.elsevier.com/es-mx/solutions/scopus): Multidisciplinar, todas las áreas de Ciencias y Ciencias Sociales. Métricas de impacto, SJR (*Scimago Journal Rank*)

SOCIAL SCIENCES CITATION INDEX: Ciencias Sociales en la *Web of Science*. (https://www.webofknowledge.com) Indice de citas.

SSRN (Social Sciences Research Network) (https://www.ssrn.com/index.cfm/en/): Recopilación de publicaciones, muchas en acceso abierto, sobre Ciencias Sociales y Humanidades, Economía, Derecho, Antropología, etc.

WEB OF SCIENCE (WOS) (https://www.webofknowledge.com): Multidisciplinar, todas las áreas de Ciencias y Ciencias Sociales, Bibliografía procedente de una selección de más de 10.000 revistas. Consulta del Factor de Impacto de revistas y citas recibidas por artículos.

4.2.5. MEDICINA - CIENCIAS DE LA VIDA – BIOLOGÍA:

ACADEMIC SEARCH ULTIMATE (EBSCO) (www.ebsco.com/products/research-databases/academic-search-ultimate): Bibliografía multidisciplinar internacional, que recoge unas 12.000 revistas, en muchos casos a texto completo. Todos los campos de Ciencias y Ciencias Sociales

BIBLIOTECA VIRTUAL TIRANT LO BLANCH (https://biblioteca.tirant.com): Portal de libros electrónicos de la editorial Tirant Lo Blanch sobre Derecho, Humanidades y Ciencias Sociales. Acceso a más de 3000 libros electrónicos a texto completo.

COCHRANE LIBRARY PLUS (https://www.cochranelibrary.com/es/): Medicina, Ensayos Clínicos, Revisiones Sistemáticas, Metodología, Evaluaciones de tecnología sanitaria, etc.

CONRICYT - Consorcio Nacional de Recursos de Información Científica y Tecnológica (https://www.conricyt.mx/): disponible para toda la comunidad científica de las IES y Centros de Investigación de México con el propósito de lograr el acceso ágil a los textos completo y actualizados de las publicaciones científicas y tecnológicas de las editoriales con mayor prestigio mundial.

DIALNET (https://dialnet.unirioja.es): Multidisciplinar, todas las áreas de Ciencias y Ciencias Sociales. Libros, artículos y tesis a texto completo en muchos casos.

EBI Databases (European Bioinformatics Institute) (https://www.ebi.ac.uk/): Colección de herramientas y Bases de Datos sobre Biología, Genética, Bioinformática Ciencias de la Vida de la organización *European Bioinformatics Institute* (EMBL-EBI)

EUROPE PMC (https://europepmc.org): Base de datos a texto completo sobre Medicina basada en *PubMed*.

IBECS (http://ibecs.isciii.es/cgi-bin/wxislind.exe/iah/online/?IsisScript=iah/iah.xis&base=IBECS&lang=e): Ciencias de la Salud, Enfermería

INDICES (CSIC) (https://indices.csic.es/): Información y Documentación de la Ciencia en España (ÍnDICEs-CSIC) es un recurso bibliográfico multidisciplinar que recopila y difunde principalmente artículos de investigación publicados en revistas científicas españolas. Incluye las bases de datos anteriormente conocidas como *Icyt, Isoc e Ime.*

LILACS (https://lilacs.bvsalud.org): Literatura científica y técnica en Salud de América Latina y del Caribe

MEDLINE (https://medlineplus.gov): Base de datos sobre Medicina, Ciencias de la Salud, Enfermería, Biología, Veterinaria, etc.

NNN CONSULT (https://www.nnnconsult.com): Enfermería, Taxonomías enfermeras NANDA, NOC y NIC.

PEDro (Physiotherapy Evidence Database) (https://www.pedro.org.au/): Fisioterapia basada en la evidencia. Ensayos aleatorios controlados, revisiones sistemáticas y guías de práctica clínica de Fisioterapia

PLOS Journals (https://www.plos.org): Revistas *Open Access* de PLOS (Public Library of Science) que agrupa varias revistas gratuitas.

PSYCINFO (https://www.apa.org/pubs/databases/psycinfo/): Base de datos bibliográfica sobre Psicología, psiquiatría, sociología, antropología, educación.

PUBMED (Public Medline) (https://www.ncbi.nlm.nih.gov/pubmed): Medicina, Ciencias de la Salud, Biología, Veterinaria, etc. Consulte también la entrada MEDLINE para ver otro formato de esta base de datos.

PUBPSYCH (Public Psychology) (https://www.pubpsych.eu/): Psicología, Psiquiatría, Sociología, Educación, etc.

SCIENCEDIRECT (Elsevier) (www.sciencedirect.com): Portal de revistas y libros electrónicos de la editorial Elsevier a texto completo. Cubre todas las áreas de las Ciencias y Ciencias Sociales.

SCILIT (Scientific Literature) (https://www.scilit.net): Base de datos multidisciplinar que recopila publicaciones científicas registradas en *Crossref*. Elaborada por la editorial MDPI

SCOPUS (www.elsevier.com/es-mx/solutions/scopus): Multidisciplinar, todas las áreas de Ciencias y Ciencias Sociales. Métricas de impacto, SJR (*Scimago Journal Rank*)

SPORT DISCUS (https://www.ebsco.com/products/research-databases/sportdiscus): Base de datos bibliográfica sobre Ciencias del Deporte, Salud, Entrenamiento, etc.

SPRINGER LINK (https://link.springer.com): Portal de revistas y libros electrónicos de la editorial Springer a texto completo.

WEB OF SCIENCE (WOS) (https://www.webofknowledge.com): Multidisciplinar, todas las áreas de Ciencias y Ciencias Sociales, Bibliografía procedente de una selección de más de 10.000 revistas. Consulta del Factor de Impacto de revistas y citas recibidas por artículos.

4.2.6. MULTIDISCIPLINARIA:

ACADEMIC SEARCH ULTIMATE (EBSCO) (www.ebsco.com/products/research-databases/academic-search-ultimate): Bibliografía multidisciplinar internacional, que recoge unas 12.000 revistas, en muchos casos a texto completo. Todos los campos de Ciencias y Ciencias Sociales.

AENORmas (Normas UNE e ISO) (http://aenormas.aenor.es/): Normas UNE de Aenor. Permite visualizar el texto de las normas, pero no descargarlas, para obtener el pdf debe solicitarlas a la Biblioteca.

CATÁLOGO COLECTIVO DEL PATRIMONIO BIBLIOGRÁFICO ESPAÑOL (http://catalogos.mecd.es/CCPB/cgi-ccpb/abnetopac/O12128/ID8bcee0ff?ACC=101): Este Catálogo tiene como objetivo la descripción y localización de los libros y otros fondos bibliográficos pertenecientes a bibliotecas españolas, públicas o privadas, que por su antigüedad, singularidad o riqueza forman parte del Patrimonio Histórico Español.

CURRENT CONTENTS (https://clarivate.libguides.com/webofscienceplatform/ccc): Sumarios de revistas JCR (Revistas con Factor de Impacto). Cobertura solo hasta 2009. No se actualiza.

CONRICYT - Consorcio Nacional de Recursos de Información Científica y Tecnológica (https://www.conricyt.mx/): disponible para toda la comunidad científica de las IES y Centros de Investigación de México con el propósito de lograr el acceso ágil a los textos completo y actualizados de las publicaciones científicas y tecnológicas de las editoriales con mayor prestigio mundial.

DIALNET (https://dialnet.unirioja.es): Multidisciplinar, todas las áreas de Ciencias y Ciencias Sociales. Libros, artículos y tesis a texto completo en muchos casos.

DIALNET - Tesis doctorales (https://dialnet.unirioja.es/tesis) : Tesis doctorales de universidades españolas, muchas de ellas a texto completo sobre todos las más recientes.

DOAR (Directory of Open Access Repositories, OPENDOAR) (https://v2.sherpa.ac.uk/opendoar/): Recopilación de repositorios *Open access* académicos de todo el mundo, actualmente más de 2.600.

FRANCIS – PASCAL (https://pascal-francis.inist.fr/inicio/): Base de datos con contenido Multidisciplinar, Ciencias y Ciencias Sociales de revistas a nivel mundial pero sobre todo europeas.

INDICES (CSIC) (https://indices.csic.es/): Información y Documentación de la Ciencia en España (ÍnDICEs-CSIC) es un recurso bibliográfico multidisciplinar que recopila y difunde principalmente artículos de investigación publicados en revistas científicas españolas. Incluye las bases de datos anteriormente conocidas como *Icyt, Isoc e Ime.*

INEbase (https://www.ine.es/dyngs/INEbase/listaoperaciones.htm): INEbase es el sistema que utiliza el INE (Instituto Español de Estadística) para el almacenamiento de la información estadística en internet. Contiene toda la información que el INE produce en formatos electrónicos

ISBN (INTERNACIONAL) (https://www.isbn-international.org): Libros editados en todo el mundo en cualquier área científica. Multidisciplinar

MY NEWS (https://www.mynews.es): Base de datos de noticias de una selección de 120 periódicos online nacionales, regionales e internacionales.

ONE FINDER (1FINDER) (https://1findr.1science.com/home): 1finder es una de las más completas bases de datos de bibliografía científica, creada por la empresa 1science, recoge publicaciones científicas de todas las áreas temáticas, idiomas y paises. Alberga en torno a 90 millones de artículos, un tercio de ellos a texto completo y además aporta datos de citas recibidas.

OPEN GREY (System for Information on Grey Literature in Europe) (http://www.opengrey.eu/): Multidisciplinar, Literatura Gris (Informes, Conferencias, Tesis) producida en Europa.

OPENDISSERTATIONS (www.opendissertations.com): Tesis doctorales a texto completo de todo el mundo.

OPENTHESIS (www.openthesis.org): Tesis doctorales a texto completo de todo el mundo. Es un repositorio que ofrece a los autores a opción de subir sus tesis.

RECOLECTA (Recolector de Ciencia Abierta) (https://recolecta.fecyt.es): Base de datos de contenido multidisciplinar. Recopila todos los repositorios científicos a nivel nacional de revistas *open access.*

RECYT (Repositorio español de Ciencia y Tecnología) (https://recyt.fecyt.es): Revistas Open Access españolas a texto completo creado por la Fundación Española para la Ciencia y la Tecnología (FECYT), dependiente del Ministerio de Economía, Industria y Competitividad con el objeto de apoyar la profesionalización e internacionalización de las publicaciones científicas españolas.

SciELO (Scientific Electronic Library Online) (https://scielo.org/): Multidisciplinar, colección de revistas Open Access de todas las disciplinas, de países latinoamericanos. Ofrece métricas de citas e impacto.

SCIENCE CITATION INDEX: Ciencias en general en la *Web of Science* (https://www.webofknowledge.com). Índice de citas y factor de impacto de revistas.

SCIENCEDIRECT (Elsevier) (www.sciencedirect.com): Portal de revistas y libros electrónicos de la editorial Elsevier a texto completo. Cubre todas las áreas de las Ciencias y Ciencias Sociales.

SCILIT (Scientific Literature) (https://www.scilit.net): Base de datos multidisciplinar que recopila publicaciones científicas registradas en *Crossref.* Elaborada por la editorial MDPI

SCITECH Connect: Base de datos del U.S. *Department of Energy* (DOE) que recoge publicaciones sobre todas las áreas de la Ciencia y la Tecnología, muchas a texto completo.

SCOPUS (www.elsevier.com/es-mx/solutions/scopus): Desarrollado por *Springshare* Reservados todos los derechos. Inicia sesión de LibApps

Multidisciplinar, todas las áreas de Ciencias y Ciencias Sociales. Métricas de impacto, SJR (*Scimago Journal Rank*)

SPRINGER LINK (https://link.springer.com): Portal de revistas y libros electrónicos de la editorial Springer a texto completo.

STATISTA: Portal de datos estadísticos y tendencias, de todos los sectores comerciales y mercados, informes, dossieres, infografías, etc.

WEB OF SCIENCE (WOS) (https://www.webofknowledge.com): Multidisciplinar, todas las áres de Ciencias y Ciencias Sociales, Bibliografía procedente de una selección de más de 10.000 revistas. Consulta del Factor de Impacto de revistas y citas recibidas por artículos.

4.3. MOTORES DE BÚSQUEDA.

Las Bases de Datos utilizan diferentes motores de búsqueda diseñados por las empresas proveedoras del acceso a las mismas.

Son interfaces de búsqueda sencillos e intuitivos, orientados a todo tipo de usuarios, que suelen tener dos modos de búsqueda: sencilla y avanzada.

Ejemplos de los motores de búsqueda más utilizados: Ebsco, Proquest y Ovid.

Todos tienen la misma estructura, en la búsqueda sencilla disponen de un cajón de texto donde introducimos los conceptos a buscar y se pulsa el botón Buscar. Es una buena opción para sondear la base de datos. En la búsqueda avanzada se tienen varios cajones, para hacer búsquedas más completas combinando más términos y además nos permite elegir los campos en los que queremos buscar, por ejemplo, en el Título, Descriptores o Palabras Clave, y se pueden utilizar filtros por años.

¿Cómo funcionan los motores de búsqueda? Recolectan información. Utilizan programas – robots o arañas – que localizan en Internet recursos y los cargan en una base de datos, en la que se puede buscar utilizando el motor de búsqueda correspondiente. Google recorre todas las páginas web utilizando los enlaces para ir de un sitio a otro, recopila la información y la incluye en sus índices. Un programa robot rastrea la red y actualiza periódicamente todo su índice con sitios nuevos y eliminando los obsoletos.

Los motores de búsqueda son aplicaciones que utilizan códigos programados para indizar todo el texto útil de un documento. No se indizan palabras tales como "y", "el, la" o "pero". El índice de cada documento se mantiene en una gran base de datos. Cuando se solicita una búsqueda, la aplicación busca la información solicitada, basándose en las palabras o frases esenciales facilitadas por el usuario. Como cada motor de búsqueda utiliza un código diferente para localizar los datos, cada aplicación de búsqueda puede proporcionar información diferente (Day, 2005).

Los motores de búsqueda actuales se pueden clasificar ampliamente en 3 tipos principales: (a) escáneres de resumen simples, que buscan las palabras clave sólo en los campos de las citas (es decir, el título, los detalles del autor y la revista, y el resumen, si está disponible); (b) escáneres de texto completo, que busquen en todo el texto principal de los artículos los términos/frases de la consulta; y (c) escáneres de resumen con capacidad de procesamiento de información, que pueden procesar automáticamente las citas recuperadas, organizarlas de una manera útil y/o extraer más información. Las variaciones en los objetivos de búsqueda de los usuarios también se suman a las complicaciones en la comparación de los programas de búsqueda (Bajpai *et al.*, 2011).

Algunos motores de búsqueda funcionan con lógica booleana, utilizando como delimitadores Y, O y NO. En la Web, sin embargo, esos delimitadores no parecen funcionar siempre como debieran. *HotBot*, un motor de búsqueda popular afina y limita el número de aciertos suponiendo que existe un conector Y entre las palabras. Alta Vista, otro motor de búsqueda muy conocido, supone que existe un conector O entre las palabras, aumentando así el número de aciertos (Day, 2005).

Los motores de búsqueda son importantes fuentes de información, pero tienen el inconveniente de devolver una cantidad abrumadora de información, mucha de ella de escasa utilidad. Por este motivo algunos buscadores han ido transformando sus prestaciones para acotar sus búsquedas a sitios de contenido científico y académico: repositorios, bases de datos de tesis, libros y artículos y recursos sustentados por universidades y organizaciones académicas, etc. El objetivo es proporcionar resultados de calidad. Es así como nacen los buscadores científicos (Checa Rubio).

Los motores de búsqueda académicos surgen como una herramienta fundamental para hacer frente a la sobrecarga de información, hacer visible a los investigadores el contenido de la Web profunda y para encontrar recursos en su área de interés a través de sus capacidades de búsqueda, facilidad de uso, simplicidad, velocidad de búsqueda y amplia cobertura (Franco-Perez, 2014).

Los motores de búsqueda especializados actuales proporcionan una búsqueda más productiva por varios motivos:

- Son un recurso gratuito para que los investigadores, estudiantes y clínicos puedan realizar búsquedas de información académica relevante de forma rápida y sencilla.
- Permiten buscar en diversas fuentes desde un solo sitio.
- Se centran sólo en los sitios con datos sobre temas específicos.
- Permiten realizar búsquedas en la web «profunda».
- Muestran los resultados de manera fácilmente comprensible.
- Presentan muchas posibilidades de personalización y clasificación.
- Filtran los datos irrelevantes.
- Buscan las citas que recibe un trabajo (libro, artículo de revista, tesis, informe...).
- Encuentran documentos académicos, resúmenes, artículos, tesis, *pre-prints* y citas.

- Localizan documentos académicos a texto completo a través de enlaces a bibliotecas o en la red.
- Buscan sólo en las páginas Web con contenido científico.
- Obtienen información acerca de documentos académicos clave en un campo de investigación.

4.3.1. MOTORES DE BÚSQUEDA ACADÉMICOS

Los motores de búsqueda académicos que podemos encontrar están:

Google Scholar http://scholar.google.com, Google Académico, lanzado en 2004, con el fin de proporcionar acceso universal y gratuito a publicaciones científicas. Rastrea la web académica. es uno de estos buscadores que devuelve información localizada en bases de datos especializadas, recursos científicos y académicos. Busca literatura académica, incluidos artículos revisados por pares (peer review), tesis, monografías, preprints, resúmenes e informes técnicos de diversos campos de investigación

Scirus http://www.scirus.com/srsapp, es un motor de búsqueda académico que permite obtener resultados más ajustados que Google Scholar y en el que es esencial utilizar y definir la búsqueda avanzada por las enormes ventajas que presenta. A diferencia de Google Scholar, no da información sobre citas ni versiones de documentos, pero los resultados que ofrece son documentos de gran calidad científica.

Microsoft Academic Search http://academic.research.microsoft.com/, es un buscador especializado en literatura científica creado por Microsoft. Inicialmente estaba especializado en informática y ciencias de la computación, pero está incrementando los contenidos pertenecientes a otras áreas como ciencias de la salud o ciencias puras (física, química, ingeniería o biología). Es competidor de Google Scholar. Destaca por la actualización continua y la organización y presentación de resultados referidos tanto para un artículo, un autor o una institución, sobre todo su aspecto gráfico.

Motores de búsqueda en internet horizontales

- Alta Vista – www.altavista.com
- Ask – www.ask.com
- Gigablast – http://www.gigablast.com/
- Excite – www.excite.com
- Google – www.google.com
- Lycos – www.lycos.com.

4.3.2. METABUSCADORES

Los Metabuscadores, son buscadores con la cualidad de que no sólo buscan en una única base de datos, sino que al introducir los conceptos de búsqueda hace el barrido en distintas bases de datos, de esta forma la amplitud de resultados es mayor.

- Vivisimo (http://www.vivisimo.com)
- Dogpile (http://www.dogpile.com)
- Kartoo (http://www.kartoo.com)
- Qbsearch (http://www.qbsearch.com)
- Metacrawler: (http://www.metacrawler.com)

4.3.3. BUSCADORES SELECTIVOS.

Los buscadores selectivos, utilizan una base de datos especializada en una materia.

- Ask (http://www.ask.com)
- Teoma (http://www.teoma.com)
- Electric Library (http://www.elibrary.com) ◦ Hieros Gamos http://www.hg.org/index.html

4.3.4. PROGRAMA PARA BUSCAR.

En los últimos años han aparecido varios buscadores múltiples en forma de software de gestión con cierto grado de sofisticación, que incorporan una serie de procesos automatizados: programación, almacenamiento y seguimiento de las consultas, y comprobación de la accessibilidad de las direcciones. Algunos autores proponen, tratarlos sencillamente de agentes buscadores.

- Copernic (http://www.copernic.com), se presenta a sí mismo con la apelación poco modesta de agente inteligente, vanidad que desgraciadamente se ha extendido mucho. La atribución del adjetivo inteligente resulta totalmente gratuita porque el programa no demuestra ninguna capacidad que la justifique. Por lo tanto, es más acertado ceñirse a la esencia de estos programas y evitar los nombres imprecisos y cercanos a la ciencia-ficción.

4.3.5. AGENTES INTELIGENTES.

Los agentes inteligentes son herramientas que permiten localizar información de forma automática, sólo necesita que se le definan un perfil de búsqueda y donde debe lanzarla (bases de datos, sitios web, etc.) y, automáticamente va presentando un informe sobre la nueva información que va surgiendo.

BookWhere http://www.bookwhere.com
BullsEye Pro http://www.intelliseek.com
WebSeeker 5 http://www.bluesquirrel.com/
WebFerret http://www.ferretsoft.com

4.4. DIRECTORIOS.

Directorios. Los directorios son listas organizadas que nos permite acceder a la información de forma estructurada y jerárquica. Se clasifican en categorías y el usuario enlaza de lo más general a lo más específico. Recomendados para las búsquedas en las que el usuario no sabe mucho sobre el tema en concreto

- El directorio de Google (http://directory.google.com)
- Ozú (http://categorias.ozu.es)
- El índice (http://www.elindice.com)
- About.com – www.about.com Mas de 700 guías mantenidas por expertos altamente recomendable
- Academic Info – http://www.academicinfo.net/subject-guides, una extensa guía de recursos en internet sobre temas de investigación
- Infomine – infomine.ucr.edu/Main.html. Mas de 15.000 enlaces a recursos de investigación bibliotecas universitarias.
- Index to the Internet – www.lii.org, 7200 enlaces a recursos bibliotecarios
- Open Directory Project – www.dmoz.org. Uno de los mejores directorios de información que existen
- WWW Virtual Library – vlib.org/Overview.html, el directorio más veterano que existe en activo
- Yahoo - http://www.yahoo.com), el famoso directorio de Yahoo

Directorio y motores especializados

- Humbul http://www.humbul.ac.uk.
- Librarian Index to the Internet http://lii.org
- Internet Public Library http://www.ipl.org
- Scirus http://www.scirus.com
- Search4Science http://www.search4science.com.

4.5. GESTORES BIBLIOGRÁFICOS.

Los gestores de bibliográficos o de referencias son un servicio o software que permite capturar, archivar y organizar referencias y documentos, editar bibliografías y textos con citas y referencias en múltiples estilos, compartir información, etc. Es decir, te facilita tener una base de datos personal con tu propia documentación y sobre esa base de datos te proporciona diversas prestaciones. Es como ir construyendo tu propio sistema de información científica (Franco-Perez, 2014).

Son programas que permiten crear, mantener, organizar y dar forma a referencias bibliográficas de artículos de revista o libros, obtenidas fácilmente de una o de varias fuentes de información (bases de datos, revistas, catálogos, páginas web, etc.), y que añaden a esta función básica la versatilidad de generar cientos de formatos de entrada y salida, utilizadas para citar referencias bibliográficas en los trabajos de investigación.

Actualmente la mayoría de las revistas electrónicas, bases de datos, catálogos, repositorios y cada vez más fuentes multimedia disponen de formatos de salida a gestores de referencias

Los gestores bibliográficos son herramientas que permiten crear una base de datos personalizada de referencias bibliográficas procedentes de diferentes recursos de información académica. Sirven para importar referencias de publicaciones científicas de interés para nuestras investigaciones desde bases de datos, catálogos de bibliotecas, portales de revistas, etc, con el objeto de organizar y gestionar las citas y la bibliografía final de un trabajo académico en un formato normalizado.

La mayoría de los gestores bibliográficos nos permiten:

- Integrar automáticamente referencias desde bases de datos, etc.
- Editar, clasificar, ordenar, archivar y gestionar las referencias.
- Guardar textos completos y archivos asociados a las referencias.
- Compartir la información con otras personas y grupos en Internet.
- Generar bibliografías a partir de grupos de referencias.
- Editar textos redactados en Word con citas y referencias.
- Producir las bibliografías, citas y referencias en múltiples estilos bibliográficos.

Son software de código abierto o cerrado (libres o por suscripción) y que dentro de sus posibilidades ofrecen:

- Captura de documentos corrientes en la pesquisa científica como artículos científicos, libros, capítulos de libros, catálogos, páginas de internet, tesis etc., permitiendo el manejo de grandes volúmenes de artículos. Recordando que

NO SON MOTORES DE BÚSQUEDA, NI REEMPLAZAN LA SUSCRIPCIÓN A LOS JOURNALS.

- Almacenaje local o virtual del material recuperado en forma ordenada y clasificada (indexación), en bibliotecas personales divididas en carpetas y subcarpetas denominadas colecciones.
- Obtención de forma manual o automática de los metadatos (identificación básica de los documentos).
- Administración de las referencias bibliográficas en un procesador de texto (i.e. Word) con diferentes opciones para el estilo de citación según las exigencias de las revistas científicas.
- Posibilidad de realizar anotaciones acerca de la lectura del documento en una ventana aledaña o subrayando sobre el mismo documento.
- Sincronización automática o manual de los archivos, posibilitando el acceso a la información desde cualquier dispositivo y desde cualquier lugar del mundo ofreciendo una administración online.
- Posibilidad de compartir la información con colegas o amigos.
- Realizar labores de importación y exportación
- Información de citas o textos repetidos, guardados en carpetas diferentes, con la opción manual de eliminación o unión, Y, por último,
- Algunos de estos softwares pueden comunicarse o sincronizarse unos con otros.

Algunos gestores bibliográficos que existen son entre otros:

Endnote (http://endnote.com/): servicio en línea de pago asociado a la plataforma de bases de datos Web of Knowledge y por esta razón disponible en algunas las universidades. Los contenidos utilizables están en la nube, desde cualquier sitio. Importa referencias y documentos de cientos de fuentes electrónicas. Permite editar textos con citas y referencias, así como generar bibliografías en numerosos estilos. Se pueden compartir referencias y documentos con colegas y grupos.

RefWorks (http://www.refworks.com): servicio en línea, de pago, contratado útil para profesores, investigadores y estudiantes. Facilita todas las prestaciones típicas de los gestores bibliográficos desde cualquier punto de Internet, sin instalación, mediante un código de grupo que permite su uso en dispositivos móviles. Se pueden importar referencias y documentos íntegros, archivarlos, organizarlos, generar bibliografías, textos con citas y referencias, compartir en la Red, etc.

Mendeley (http://www.mendeley.com/): gestor de referencias y red social académica que opera mediante un software que se instala en múltiples ordenadores y dispositivos móviles y se sincroniza con un servicio en línea. Su versión normal es gratuita, aunque tiene versiones premium e institucionales de pago. Permite importar referencias, archivar documentos, generar bibliografías, editar textos, compartir en grupo y acceder desde instalaciones con software.

Zotero (https://www.zotero.org/): gestor bibliográfico que funciona mediante un software que se instala en tu ordenador y se puede ejecutar también en otros dispositivos, sincronizándose con un servicio en línea. Es un programa gratuito, de software libre, inicialmente asociado al navegador Firefox. Con Zotero puedes capturar referencias de cualquier página web, organizar datos y documentos, producir citas y bibliografías y colaborar con otras personas.

CiteULike (http://www.citeulike.org/): servicio en línea de uso gratuito en Internet: contenidos en la nube. Funciona al estilo de una web social de favoritos, bajo la filosofía de compartir referencias de documentos científicos. Captura referencias de la Web extrayendo los datos bibliográficos. Permite organizarlas mediante etiquetas. Es posible generar bibliografías en muchos estilos. Se puede compartir en grupos. No sirve para editar textos con citas y referencias.

Papers: (http://www.papersapp.com/papers/) software de escritorio, de pago, que se instala en ordenadores para gestionar en modo local referencias y documentos. Busca, importa y clasifica los contenidos. Permite incluir anotaciones en los documentos. editar textos con citas y referencias. Ayuda a Tiene una herramienta para compartir y discutir información con los colegas. Interfaz estilo iTunes.

BibSonomy (https://www.bibsonomy.org/): es un servicio de marcadores sociales y un sistema para compartir publicaciones. Se orienta a integrar funcionalidades propias de un sistema de marcadores junto a características propias de un sistema de gestión de publicaciones para equipos. BibSonomy ofrece a sus usuarios la posibilidad de almacenar y organizar sus marcadores y publicaciones, además de dar soporte a la participación de diferentes comunidades y personas para ofrecer una plataforma social de intercambio de literatura científica.

BibMe (http://www.bibme.org/): es un gestor de referencias bibliográficas automático que soporta el formato MLA, APA y Chicago. Otros estilos están alimentados por el Citation Style Language, bajo una licencia CC-BY-SA. BibMe aprovecha las bases de datos externas para llenar rápidamente la información de referencia. BibMe da formato a la información de la cita y compila la bibliografía de acuerdo con las directrices de los manuales de estilo.

EasyBib (http://www.easybib.com/): es una plataforma intuitiva de información de alfabetización que proporciona herramientas de citación, toma de notas y de investigación. Es una herramienta rápida, precisa y completa que ayuda a profesores y estudiantes a ser eficaces y organizados.

Citation Machine (http://www.citationmachine.net/): ayuda tanto a investigadores como a estudiantes a citar sus fuentes de información. Genera automáticamente las citas en MLA, APA, Chicago, Turabian y miles más.

BibTex (http://www.bibtex.org/): es una herramienta y formato de archivo que se utiliza para describir y procesar listar de referencias, sobre todo en relación con documentos LaTeX.

Library Master (http://www.balboa-software.com/): es un gestor de referencias bibliográficas que le da formato automáticamente a la bibliografía, notas al pie y las citas de tu trabajo, tesis o libros en numerosos estilos bibliográficos. Esto hace que sea fácil de organizar notas de investigación y los registros del proyecto. Crea un catálogo en línea de bajo coste para cualquier colección de libros, revistas, audiovisuales, documentos corporativos y otros materiales.

ESTRATEGIA DE BÚSQUEDA.

En la actualidad el problema no es ya la información sino cómo encontrar esa información, cómo clasificarla de acuerdo con lo que se anda buscando, cuál escoger entre los miles que surgen cada minuto, cuál es la que realmente aporta contenido entre los que nos ofrece los resultados de los buscadores... es decir: dónde buscar, qué y cómo. Esas son las premisas cuando el cliente/usuario se enfrenta a un vacío de información que en contraste posee una enorme cantidad de documentos para satisfacer esa demanda... solo hay que dar con el adecuado (Ruiz Llanes, 2018).

El manejo de la información y la producción de conocimiento representan una de las competencias que todo docente y todo investigador, de cualquier disciplina, debe desarrollar y poseer. Asimismo, la evolución del procesamiento de información ha ido desde unidades aisladas hasta una interconexión global a través de Internet, medio que integra el almacenamiento de información con las telecomunicaciones. "La Web se ha convertido en una torre de Babel no sólo al nivel del lenguaje natural, sino esencialmente al nivel del significado". Hace años un docente o un alumno que buscaba información debía recorrer biblioteca por biblioteca y correlacionar o comparar la información a mano. Hoy en día escribimos un par de palabras en nuestro buscador favorito y encontramos inmediatamente "toneladas" de información, eso sí no siempre acorde a nuestra necesidad (Muelas, 2014).

Internet se ha vuelto una herramienta básica para buscar información médica tanto para el público en general como para los profesionales en diversas áreas, pero ¿qué tan fácil es encontrar información valiosa? La información valiosa debe reunir varias características, entre las cuales se encuentran que sea pertinente, validada, desinteresada (libre de compromisos económicos), oportuna, aplicable, sólida y valiosa (Fernández-Altuna *et al.*, 2016)).

La búsqueda y recuperación de información es una tarea compleja, que depende mucho de la capacidad, los conocimientos y los intereses de la persona que la ejecuta y que puede ser un fracaso, si no se tiene precisión de la necesidad informativa (Stuart Cárdenas *et al.*, 2011).

En el caso de los estudiantes en México, que en promedio tienen 21 años y pertenecen a una generación familiarizada con la tecnología, parecería que les es fácil encontrar información. Sin embargo, ¿cómo saber que la fuente consultada es realmente la adecuada?, ¿cómo distinguir la información valiosa de la superflua, la científica de la promocional, la validada de la que no lo es? Conforme el estudiante avanza en la carrera necesita consultar bibliografía específica (libros, artículos, revistas, etc.). Existen múltiples opciones de búsqueda de información: motores de búsqueda, índices y directorios. Tanto para la localización de información como para su recuperación se requiere adquirir y dominar ciertas habilidades que no son fáciles de obtener. Esta situación peculiar hace que los estudiantes consulten varias fuentes a través de buscadores de Internet (Fernández-Altuna *et al.*, 2016).

Para comprender el cómo se recupera la información es necesario definir primero a ésta, por lo que podemos utilizar cualquiera de las siguientes acepciones:

- Adquisición de conocimientos que permiten ampliar o precisar los que se poseen en una materia determinada.
- La materia prima del conocimiento.
- La información son datos con pertinencia y propósito.

La recuperación de la información puede responder a 2 enfoques: a) retrospectivo, destinado a contestar necesidades concretas, o b) prospectivo, cuyo objetivo es conocer lo que se va publicando sobre la materia de interés. En el primer caso, hablamos de búsqueda bibliográfica y en el segundo, de alerta.

Otras dos razones por las cuales buscamos información: una es con el propósito de estar actualizados sobre el desarrollo de un tema de interés; la otra como parte del desarrollo de un proyecto de investigación en el cual el proceso de recuperación de información es un punto clave para hacer ésta de forma objetiva y confiable, ya que por este medio se conocen los trabajos e investigaciones que se están llevando a cabo dentro del campo de nuestro interés, así como sus resultados y las opiniones de expertos en la materia (Robles y Montiel, 2007).

Cuando se habla de las estrategias de búsqueda es imprescindible seleccionar bien las herramientas de búsqueda (metabuscadores, directorios, etc.) y también hacer un profundo hincapié en los lenguajes de indización y el control terminológico (que posibilitan una correcta organización y representación de la información). Con respecto a lo segundo que se abordaba se pueden mencionar los índices (listado de términos normalizados que representan el contenido de un recurso y que pueden ser por materias, alfabético, etc.), las palabras clave o *keywords* que son un término significativo en lenguaje natural y que posibilita representar el contenido de un documento, y los tesauros (lenguaje controlado sobre un área o campo del conocimiento que mantienen entre si relaciones semánticas) (Ruiz Llanes, 2018).

Es necesario conocer y utilizar estrategias de búsqueda que permita al investigador realizar la recuperación efectiva de información de manera autónoma y evaluarla críticamente, evitando así que se pierda en el mar de información disponible y permitiéndole tomar las mejores decisiones.

La elaboración de una estrategia de búsqueda es un ejercicio interactivo el proceso de recuperación de la información se basa en elabora un perfil de búsqueda partir de palabras clave (*key words*), descriptores o términos de búsqueda de acuerdo a las necesidades de información, para lo cual son muy útiles los tesauros y a partir de las mismas se escogen las herramientas de búsqueda más adecuadas para realizar una selección de documentos y la posterior evaluación de resultados, este perfil de búsqueda se va refinando, a medida que se recupera la información necesaria.

5.1. TRUNCAMIENTO.

El uso del truncamiento permite recuperar las variantes de un término que tienen la misma raíz. Se suelen utilizar los símbolos *, ?.

El * sustituye un número ilimitado de caracteres, al principio, en medio o al final del término. Bacteria* bacteriana, bacterianas, bacterial, etc.

El ? sustituye a un solo carácter y puede colocarse en cualquier lugar del término. Bacteria? bacteria, bacterias, bacterial.

Si lo que se desea es buscar una frase, se debe de escribir esta entre comillas (ejemplo "*heat shock protein*").

5.2. OPERADORES BOOLEANOS (OPERADORES LÓGICOS).

Para elaborar la estrategia de búsqueda es necesario conocer los operadores booleanos. Son un tipo de operadores lógicos que permiten combinar los distintos términos de la búsqueda. Es de suma importancia el utilizar en forma adecuada los operadores booleanos (*and, or, not*) ya que éstos nos ayudan a delimitar la misma, y su uso correcto hará que los resultados obtenidos sean los deseados, pues su función es filtrar la información de acuerdo con nuestras estrategias. Esto nos genera un algoritmo o el perfil de búsqueda por medio del cual filtra todos los parámetros de búsqueda para hacer que ésta sea más precisa y exacta.

5.2.1. EL OPERADOR DE INTERSECCIÓN (Y / *AND*)

Recupera documentos que contienen dos o más términos simultáneamente. El uso de AND ayudará a reducir la búsqueda porque los resultados de las citas deben contener ambas palabras clave utilizadas. Es decir, si buscamos A *AND* B, pedimos únicamente los documentos que contienen el término A y el B.

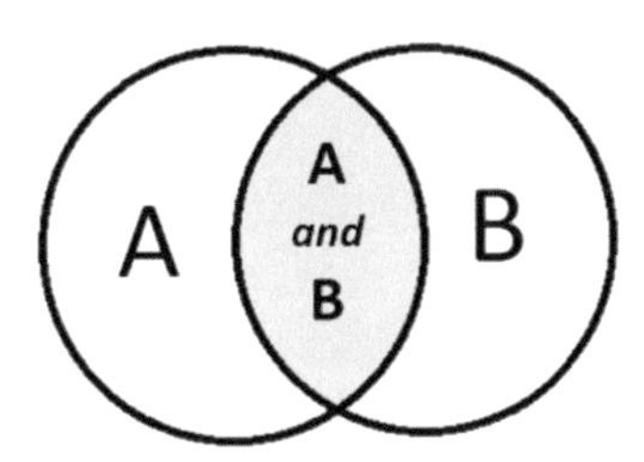

5.2.2. EL OPERADOR SUMATORIO O DE SUMA LÓGICA (O / *OR*)

Recupera documentos que contienen uno u otro de los términos, es decir cualquiera de los términos de búsqueda. Este operador es el que tendremos que utilizar cuando combinemos términos que representan el mismo concepto. En A *OR* B se piden documentos que tienen el término A, el B, o los dos. El uso de OR ampliará la búsqueda relacionando 2 o más palabras clave, lo que puede ayudar a recuperar artículos que contengan cualquier palabra clave o ambos.

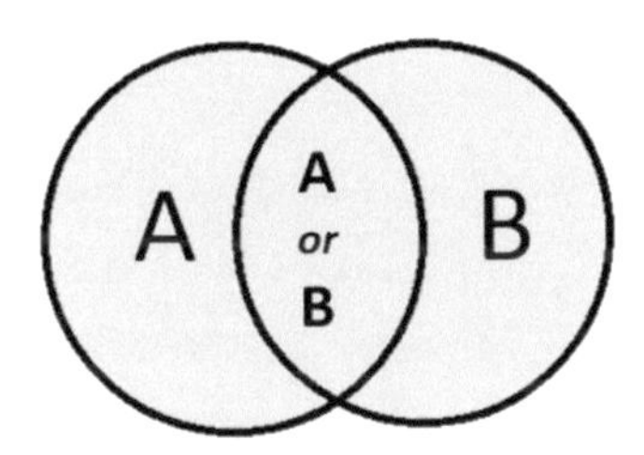

5.2.3. EL OPERADOR DE EXCLUSIÓN (NO / *NOT*)

El uso de NOT excluye palabras clave de los resultados de búsqueda. Elimina los documentos que contengan el término que figura tras él. En A *NOT* B se piden documentos que tengan el término A pero no el B.

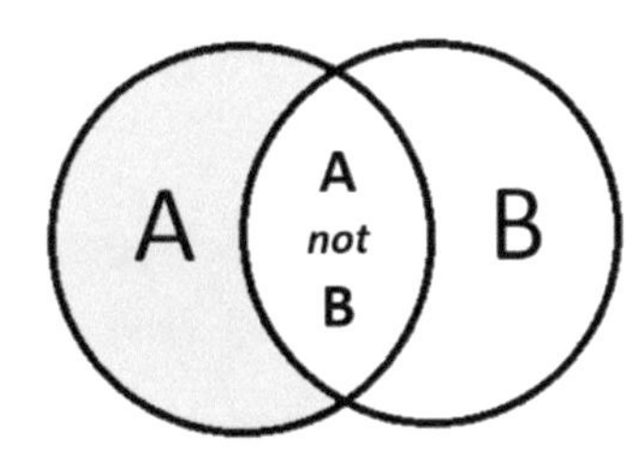

Los operadores booleanos pueden ayudar a estrechar o ampliar una búsqueda de literatura. Los 3 operadores booleanos (*AND, OR* y *NOT*). Al usarlos en la mayoría de las bases de datos como PubMed y otras, los operadores booleanos deben escribirse en todas las letras mayúsculas y pueden ayudar a crear relaciones entre los términos de búsqueda. Otras bases de datos no requieren capitalizar operadores booleanos.

La mayoría de los buscadores y bases de datos en internet permiten realizar búsquedas avanzadas y utilizar el truncamiento, por frase y operadores lógicos.

Nadie puede negar la importancia y utilidad que tienen los buscadores para encontrar información en la Web. Sin embargo, muchos usuarios pueden decir que su experiencia con ellos no ha sido completamente satisfactoria. Aprender una estrategia de búsqueda de información supone aprender cuándo y por qué utilizar un procedimiento, un concepto o una actitud determinada. Es decir, cuándo y por qué seguir un determinado proceso de búsqueda, cuándo y por qué hacer uso o no de operadores, cuándo y por qué utilizar ciertas opciones de búsqueda que nos ofrecen las diferentes Bases de Datos.

En definitiva, ¿cuál es el trabajo de búsqueda?:

1. recuperar comprensivamente datos de textos de Internet,
2. procesar los datos que se ajusten a la situación planteada, y
3. con el uso de diferentes estrategias cognitivas y metacognitivas, convertir estos datos e información, en conocimientos significativos.

Dicho así, Internet funcionaría como otro recurso más de búsqueda de datos, pero en realidad un hiper-recurso con una gran superabundancia de datos, que requiere del profesional, del docente, y del alumno, nuevas estrategias de búsqueda y recuperación de información, tales como: comprensión, selección, procesamiento de datos, organización de estos en torno a mapas y redes con organización de estos en torno de mapas y redes conceptuales. Esto no sólo como instrumento para recuperación de información sino como paso para lograr un dominio de saberes socialmente significativos y para desarrollar competencias y habilidades cognitivas e interpretativas propias del área de estudio (Muelas, 2014).

5.3. EL PROCESO DE BÚSQUEDA.

La mayoría de las fuentes funcionan de manera semejante, tienen la opción de búsqueda avanzada, en donde presenta varias opciones pasa seleccionar buscar el descriptor (palabras clave) o los descriptores por tema, titulo, abstract, frase, autor, años, etc., pudiendo elaborar el perfil de búsqueda de forma más selectiva y que se puedan obtener mejores resultados que permitan refinar y recuperar registros de documentos que pueden ser de mayor utilidad y no perdernos en gran cantidad de información.

Los criterios de selección se encuentran determinados por los objetivos de la revisión, es decir la pregunta a la que trata de responder el artículo. Otro de los aspectos que determina la selección de los artículos es su calidad metodológica y si cumplen con los criterios de calidad científica buscada.

Una vez seleccionadas las bases de datos, se elegirán los descriptores o palabras clave. Las palabras clave son los conceptos principales o las variables del problema o tema de la investigación. Estas palabras serán sus claves para comenzar la búsqueda.

A continuación veamos cómo se realiza una búsqueda, lo haremos en Google Académico (https://scholar.google.com/), realizando una búsqueda avanzada en los campos que tiene este búscador cómo se ve en la siguiente figura.

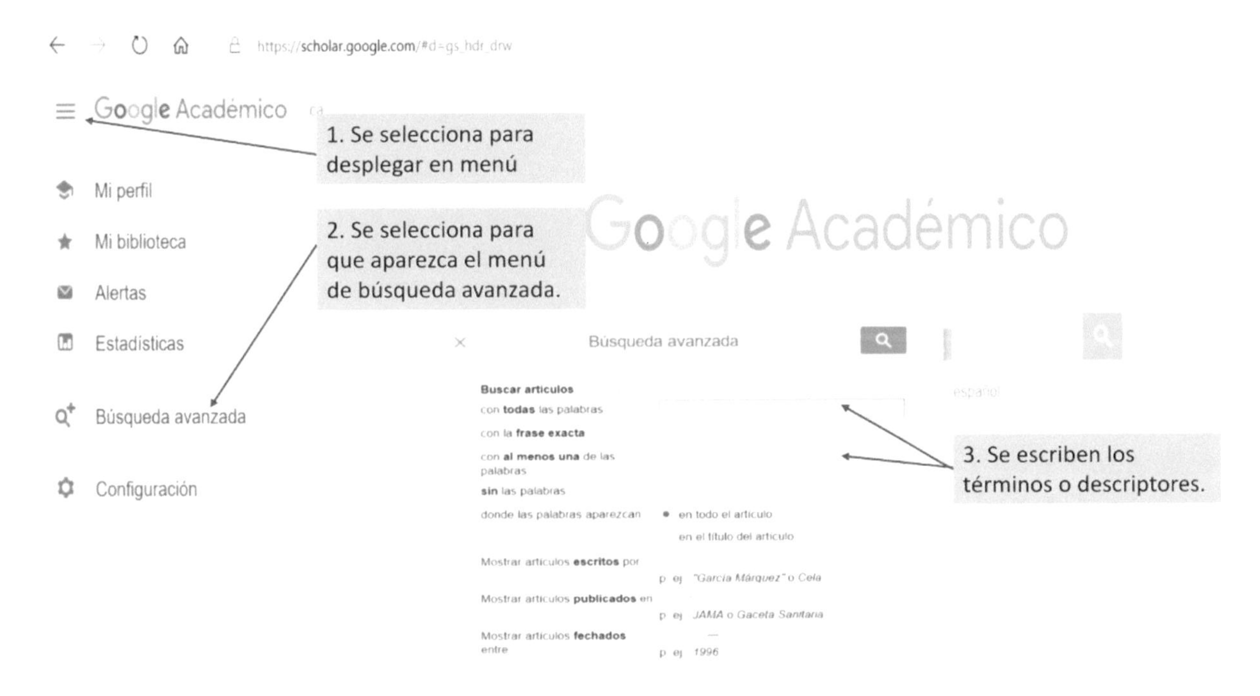

Si escribimos en el campo de Frase exacta el descriptor; "Tuberculosis bovina" y señalamos que se encuentre en el título de artículo, no da un resultado de 650 documentos, si lo buscamos en inglés "Bovine tuberculosis" el resultado es de 4,320 documentos.

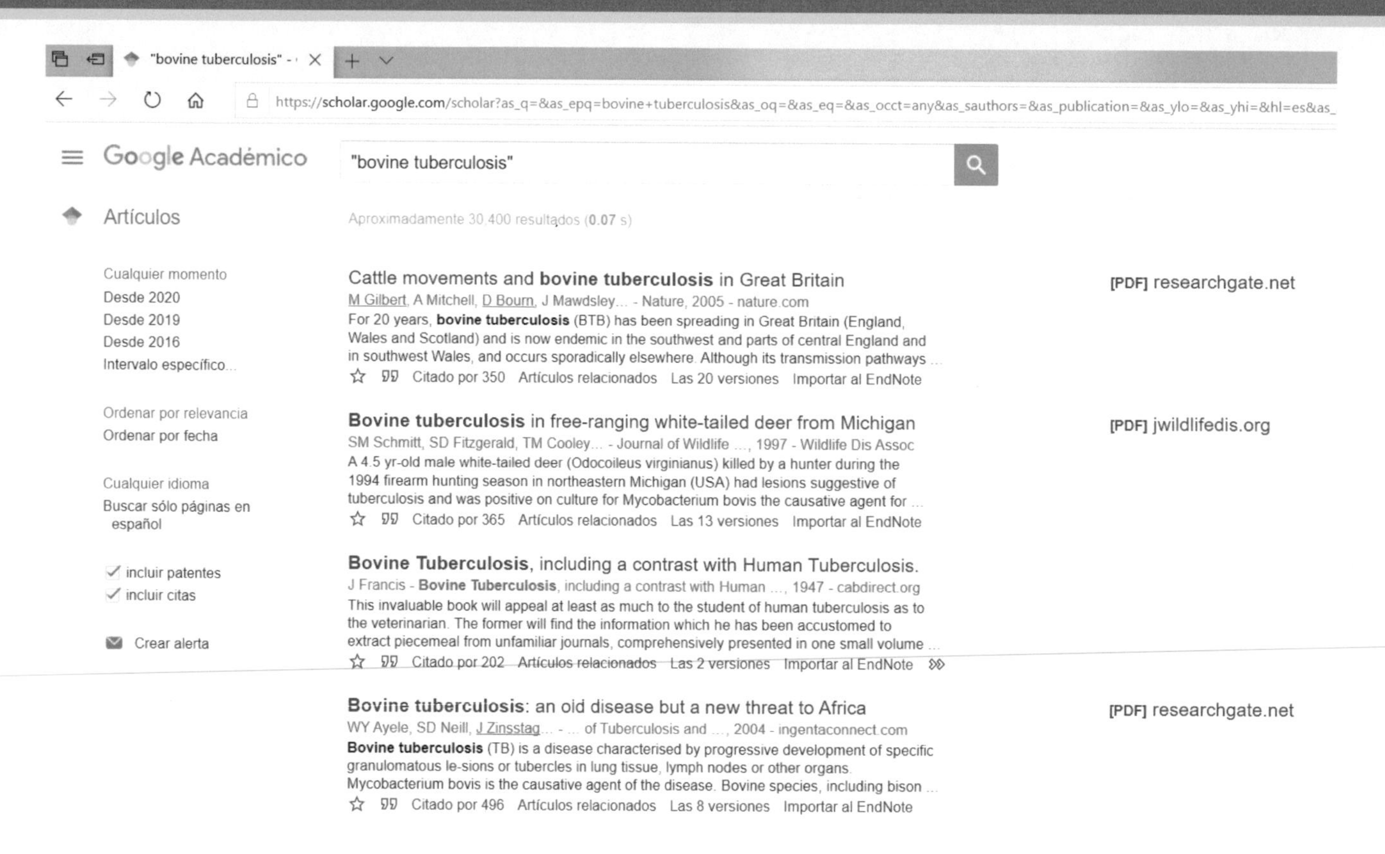

Es recomendable buscar primero en el titulo y documentos en inglés ya que hay mayor cantidad y son los más actualizados, como es un número elevado el resultado se puede refinar por años, si seleccionamos desde 2018 son 3,120 documentos, desde 2019 resultan 1,460, algunos de ellos se pueden obtener en formato PDF, con lo que se puede comenzar a trabajar. Con los resultados de la búsqueda en español desde el 2019 solo son siete documentos y ninguno de 2020, desde 2018 son 27 documentos

Si se realiza la búsqueda en Pub-Med (https://www.ncbi.nlm.nih.gov/pubmed) los mismos descriptores en búsqueda avanzada y utilizando el operador booleano AND y truncamiento en bovin*, con lo incluye bovin, bovine y bovines.

El resultado es de 1,476 documentos, refinamos la búsqueda para nos presente solo los que tengan texto completo libre son 480. Lo recomendable es revisar todo ya que se pueden eliminar algunos muy interesantes y si no tiene acceso abierto, los PDF's se pueden obtener de otra forma como se verá en la recuperación de texto completo al utilizar el programa de EndNote en el siguiente capítulo.

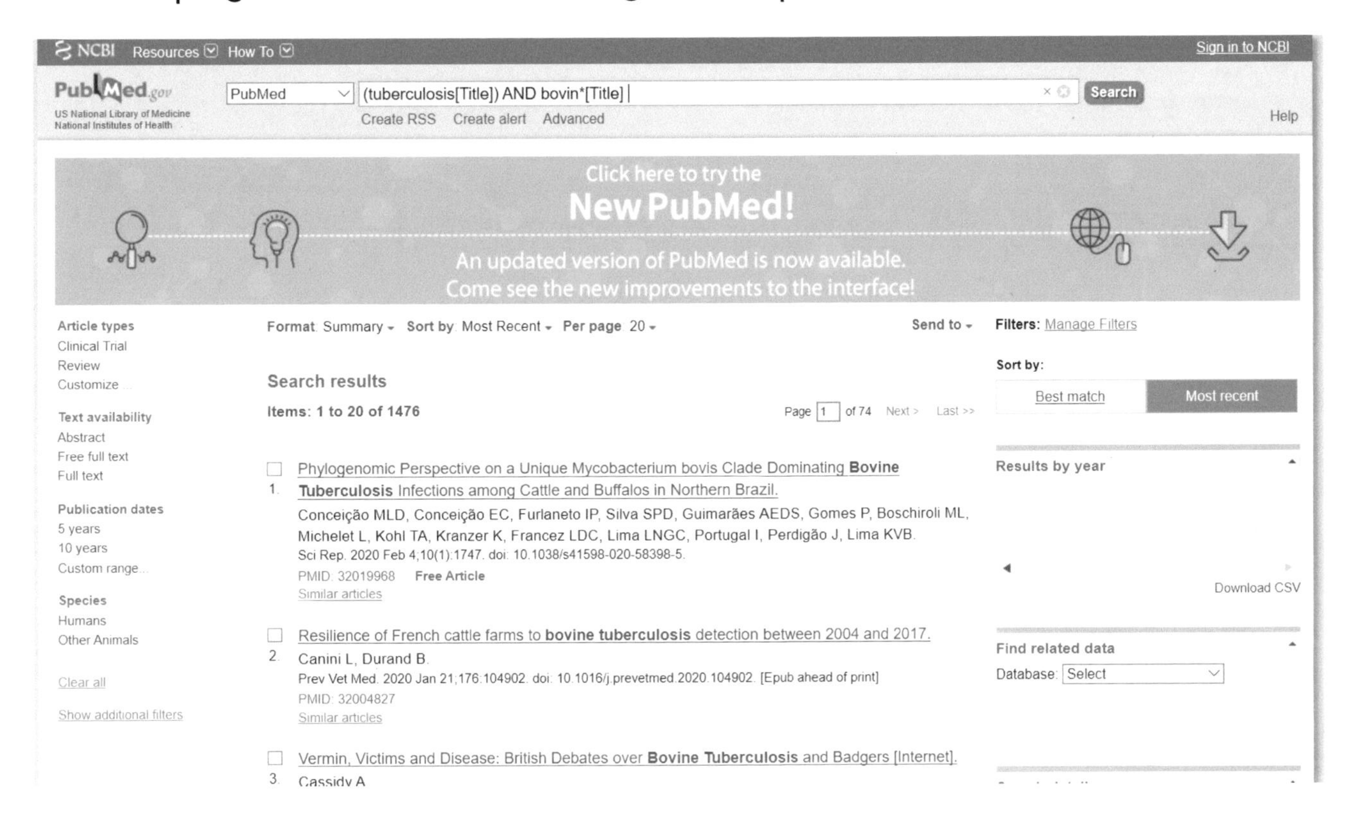

Después de haber realizado la búsqueda bibliográfica, es importante plasmar cual fue la estrategia de búsqueda, para ello se deberá documentar los términos de búsqueda utilizados, el nombre de la base de datos que se utiliza, la fecha en que se lleva a cabo la búsqueda, la estrategia exacta de búsqueda que se emplea, y el número de artículos que se hallaron y salvar el **Perfil de Búsqueda** por si se desea realizar posteriormente actualizar la búsqueda.

ENDNOTE.

EndNote es el software de gestión de referencias que no sólo le libera del tedioso trabajo de recopilar y recuperar manualmente sus materiales de investigación y formato de bibliografías, es un gestor de referencias e imágenes cuya función principal es almacenar, gestionar y buscar referencias bibliográficas en una biblioteca personal de referencias y nos permite:

- Buscar en cientos de recursos en línea, buscar referencias y archivos PDF.
- Encontrar texto completo (PDF) para referencias con un solo clic.
- Leer, revisar, anotar y buscar en archivos PDF.
- Crear reglas para organizar automáticamente las referencias a medida que se trabaja.
- Mantener datos precisos con referencia automática y actualización de enlaces.
- Compartir bibliotecas o solo una parte con nuevas opciones de colaboración en grupo.
- Proporcionar acceso de solo escritura o de solo lectura a su biblioteca.
- Construir la bibliografía de documentos usando los últimos estilos de referencia.
- Garantizar la precisión bibliográfica a diario de los estilos de referencia actualizados.
- Realizar un seguimiento de los cambios de compañeros de equipo y ver su actividad en las bibliotecas compartidas.
- Acceder a la investigación desde el equipo de escritorio, en línea o desde el iPad.

Permite además organizar imágenes incluyendo gráficos, cuadros, figuras y ecuaciones asignando a cada imagen su propia leyenda y palabras clave.

EndNote elabora bibliografías en manuscritos, dando formato a citas, figuras y cuadros en *Word* y *Power Point* (solo *Windows*) por medio de *Cite While You Write*. Al ir introduciendo citas en el manuscrito, la lista de referencias, figuras y cuadros se va actualizando. Las plantillas de *Microsoft Word* que incorpora son la guía perfecta para cumplimentar los manuscritos según los requerimientos de los editores.

También es posible crear bibliografías empleando documentos RTF con otros procesadores de texto.

Se puede obtener un instalador del programa desde el sitio de Clarivate Analitics en la dirección: https://support.clarivate.com/Endnote/s/article/EndNote-Installer-download?language=en_US y bajar el instalador para Mac o Windows dependiendo del sistema que se desee y posteriormente instalarlo primero en modo de prueba con el que se puede trabajar por 30 días y posteriormente transcurrido este tiempos si se desea seguir trabajando se puede adquirir la licencia que es de forma permanente.

6.1. INTRODUCCIÓN.

Una biblioteca de EndNote almacena las referencias bibliográficas y las muestras en una lista multi-columna. Por defecto, la primera y segunda columna muestran el icono de un clip y el de un documento PDF. La primera indica la inclusión de ficheros, figuras o gráficos adjuntos, y la segunda, la inclusión del documento correspondiente en PDF. Las sucesivas columnas son para el apellido del primer autor, el año de publicación, el título del artículo y de la revista, tipo de referencia y el URL. El ancho de los campos columna podemos modificarlo arrastrando el divisor de columnas.

Características de las bibliotecas:

- No hay límite para el número de referencias que pueden contener las bibliotecas, aunque es recomendable que no exceda 100.000 referencias para no tener problemas en el manejo de estas.
- Cada biblioteca se puede mover, copiar o renombrar de forma independiente usando el Explorer de Windows.
- Las imágenes y otro tipo de información relevante se almacenan en el *archivo. Data*, asociado con la biblioteca original. Es una extensión de esta y por tanto no debe olvidarse moverla, copiarla o renombrarla con su biblioteca original correspondiente.
- EndNote guarda automáticamente los cambios de la biblioteca mientras trabajamos con ella. Pero resulta recomendable guardar una copia de la biblioteca principal (que llevará asociado el *archivo .Data* mediante el comando *Save a Copy.*
- Tanto la información mostrada en la ventana de la biblioteca, los campos de las referencias, así como el formato de la letra con que aparece se puede cambiar dentro de Preferencias de EndNote.

Es recomendable tener todas las citas en una biblioteca principal, para facilitar los procesos de escritura de artículos científicos, creación de bibliografías o movimiento de ficheros entre ordenadores. Para una posterior búsqueda de referencias en la biblioteca principal, disponemos de comandos de búsqueda y ordenación de referencias, combinadas con las opciones de palabras clave (*keywords*) y otras etiquetas de campo.

En **EndNote X9** antes de introducir registros manualmente o realizar búsquedas en importante asegurarse de selecciona el tercer icono representado por una carpeta con el mundo para que el programa almacene los registros cargados de manera automática como se presenta en la Figura 6.1a, el primer icono es de la carpeta sirve para conectarse a una red local de bibliotecas, el segundo icono, el del mundo se utiliza para búsquedas en la web, pero los resultados de la búsqueda se presentan de manera temporal y en necesario copiar a un archivo para que se almacenen de lo contrario se pierden al cerrar el programa.

Figura 6.1a. Modos de búsqueda en EndNote X9.

Modo de biblioteca local: muestra grupos automáticos, grupos personalizados y grupos inteligentes, pero no grupos en línea. Este modo evita que las referencias encontradas durante una búsqueda en línea se descarguen inadvertidamente en la biblioteca abierta actualmente. Este es el modo predeterminado.

Modo de búsqueda en línea: Buscar y descargar referencias de bases de datos en línea. En este modo, solo están disponibles los grupos de búsqueda en línea. Las referencias se descargan en una biblioteca temporal. Se eliminan al cerrar EndNote.

Modo Biblioteca integrada y búsqueda en línea: Todos los grupos y comandos están disponibles. Al descargar referencias de una base de datos en línea, EndNote las guarda en un grupo en el conjunto de grupos Búsqueda en línea y en la biblioteca abierta.

Es recomendable tener siempre seleccionado el Modo Biblioteca integrada para que el programa almacene automáticamente todos los registros que van incorporando a nuestra biblioteca.

En **EndNote 20**, no aparecen estos iconos, por lo que después de realizar una búsqueda, hay que revisar los registros obtenidos y seleccionar los que se desee guardar en su biblioteca, una vez seleccionados se le da clic en el signo de + que se encuentra en el lado izquierdo de la pantalla como se muestra en la Figura 6.1b.

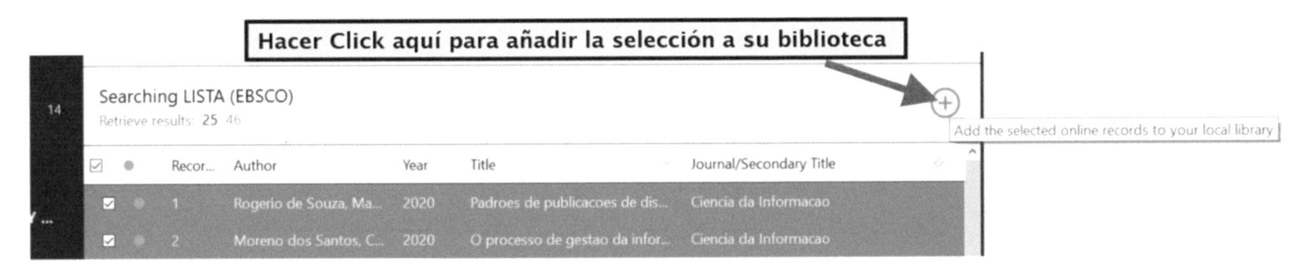

Figura 6.1b. Almacén de registros en EndNote 20 después de la búsqueda.

6.2. BIBLIOTECAS Y PREFERENCIAS DE ENDNOTE

Desde el menú *"Edit"* accedemos a la opción *"Preferences"* de EndNote, desde dónde pueden personalizarse las características de las bibliotecas de EndNote.

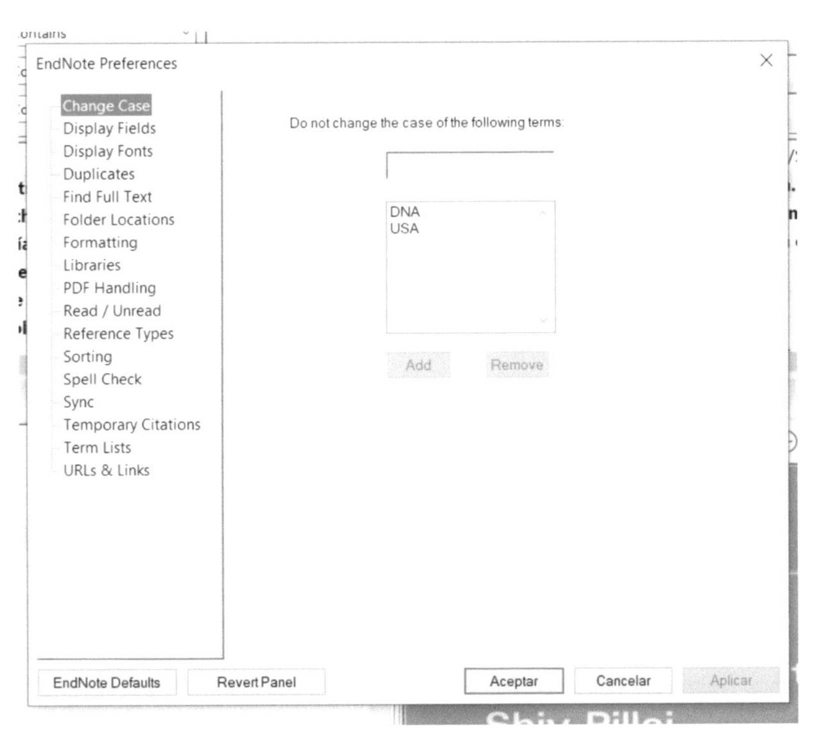

Figura 6.2. Panel de Preferencias de EndNote.

1. *"Change case" – Uno de los estilos de EndNote permite presentar en mayúsculas los nombres completos de los autores y los títulos. Esta opción permite listar las palabras que, en caso de cambio de estilo, deberán permanecer en mayúsculas. Normalmente serán acrónimos, ecuaciones o nombres compuestos, del tipo DNA, USA, etc… que requieren siempre mayúsculas.*
2. *"Display Fields"* – Permite cambiar los campos de las columnas que aparecen en la ventana de la biblioteca, que en principio están establecidas por defecto – imagen

adjunta, pdf, autor, año, título, etc –. Seleccionando la opción *"Do not display"* como cabecera de un campo, éste no aparecerá en la ventana de la biblioteca.

3. *"Display Fonts"* – Para cambiar el tipo y tamaño de letra de las referencias visualizadas en la ventana de la biblioteca, en *"Library Display Font"*; o del resto del texto incluido en EndNote- como el de pre y visualización de las referencias, desde *"General Display Font"*.
4. *"Duplicates"* – Guarda los criterios en base a los que identifica las referencias duplicadas en una misma biblioteca. Por defecto, EndNote considera idénticas aquellas referencias que coincidan en los campos Autor, Año y Título. Se pueden seleccionar tantos campos como se desee para hacer una detección de duplicados más o menos estricta. De la misma manera se puede exigir una coincidencia exacta o ignorar espacios y signos de puntuación.
5. *"Find Full Text"* – La función de búsqueda de texto completo utiliza tecnologías de ahorro para maximizar las posibilidades de que EndNote encuentre todos los archivos PDF disponibles.
   Omitir el Autor y/o el Año de la referencia citada en el documento de texto con determinado formato, si previamente han sido eliminados en la cita temporal.
   Controlar la no duplicidad de referencias si estamos usando varias bibliotecas para crear un único documento de texto mediante el CWYW.
6. *"Folder Location"* – Se pueden seleccionar las carpetas donde se encuentran los estilos, los filtros y las conexiones. Es útil cuando se instala una versión de EndNote y se tienen que actualizar las carpetas de estos archivos a la versión más reciente.
7. *"Formatting"*- En esta sección encontramos las siguientes opciones:
   Omitir el Autor y/o el Año de la referencia citada en el documento de texto con determinado formato, si previamente han sido eliminados en la cita temporal.
   Controlar la no duplicidad de referencias si estamos usando varias bibliotecas para crear un único documento de texto mediante el CWYW
8. *"Libraries"* – Como ya se mencionó anteriormente desde esta opción podemos establecer y/o cambiar las bibliotecas que se abrirán con el programa. Seleccionando *"Add Open Libraries"* las bibliotecas seleccionados en el programa en ese momento pasarán a abrirse por defecto con EndNote. Para cambiar y eliminar la elección se selecciona su nombre en la lista y se hace clic en *"Remove Library"*.
9. *"PDF Handing"* – Las preferencias de Gestión de PDF permiten definir el proceso de cambio de nombre automático de los documentos PDF que desea importar a una biblioteca de EndNote. Esta configuración solo se aplica al cambio de nombre de los documentos PDF que tienen vínculos adjuntos relativos.
10. *"Read / Unread"* – Se utiliza esta configuración para aplicar etiquetas de estado Lectura o No leídas a sus referencias con el fin de realizar un seguimiento de su investigación.
11. *"Reference Types"* – Permite seleccionar el tipo de referencia que por defecto EndNote abre cuando se quiere crear una nueva referencia. Esto se hace desde el

panel desplegable de *"Default Reference Type"*. Además, permite añadir, borrar y renombrar los tipos de referencias y sus campos desde *"Modify Reference Types"*.

12. *"Sorting"* – En este caso se pueden establecer qué palabras o nombres han de ser ignorados por EndNote al ordenar las referencias. En el campo Autor pueden ser ignoradas como parte del nombre palabras como "van", "von", o "de" en el momento de ordenar las citas. En el campo Título está por defecto excluidas del criterio de selección "a", "an", y "the". En este caso no hace distinción entre mayúsculas y minúsculas.
13. *"Spell Check"* – Comprobación ortográfica, puede establecer opciones de revisión ortográfica general y seleccionar o modificar diccionarios. Para obtener información general sobre cómo empezar a revisar ortografía de un registro, consulte Inicio de la revisión ortográfica.
14. *"Sync"* - Este cuadro de diálogo guarda la información de suscripción y la configuración de sincronización para automatizar el proceso de sincronización de la biblioteca de EndNote de escritorio con la biblioteca en línea de EndNote Web
15. *"Temporary citations"* – Las citas temporales son el modo en que EndNote muestra las citas incluidas en un procesador de texto antes de que éstas tengan un formato concreto, o al copiar una cita de la biblioteca a un documento. Por defecto, las citas temporales son de la forma {Ritosa, 1962 #20}, donde aparece junto con el autor y el año de publicación, el número asignado por EndNote a cada una de las referencias de una biblioteca (número de registro). En tales citas se pueden personalizar los delimitadores, la marca que precede al número de registro, '#' o el carácter que delimita un texto antes de una cita, '\'.
16. *"Term List"* – Por defecto, cada nueva biblioteca de EndNote lleva términos de listas asociadas a tres campos: *Authors*, *Journals* y *Keywords*, están indexados. Las listas de términos se actualizan automáticamente cada vez que se introducen nuevas referencias en la biblioteca. Se recomienda no modificar las características que por defecto EndNote establece para este campo.
17. *"URLs & Links"* - Cuando se utiliza el comando Búsqueda en línea para conectarse a una base de datos en línea, EndNote conserva una copia de todas las referencias recuperadas para esa sesión en el archivo de registro de conexión (el nombre de archivo es *"Connection.log")*. Esto sucede de forma predeterminada, pero puede desactivar esta opción desactivando la opción *"Use Log File"*

6.2.1. CREAR UNA NUEVA BIBLIOTECA.

Podremos crear bibliotecas desde el menú *File /New* como se muestra en la Figura 6.3., o bien desde el icono indicado en la barra de herramientas Antes de que se abra la ventana de la nueva biblioteca, debemos darle nombre, y guardar, ya que por default el programa le da el nombre de *"My EndNote Library.enl"*. Automáticamente el programa le adjudica la extensión *'.enl'* (*EndNote Library*) y se recomienda almacena en una carpeta exclusiva en disco duro.

La biblioteca aparecerá en esta ventana en dos partes, un archivo que contiene la información sobre el formato de la biblioteca y una carpeta de datos que contiene la información de registro individual. Ambas partes son necesarias si desea transferir la biblioteca en otros lugares.

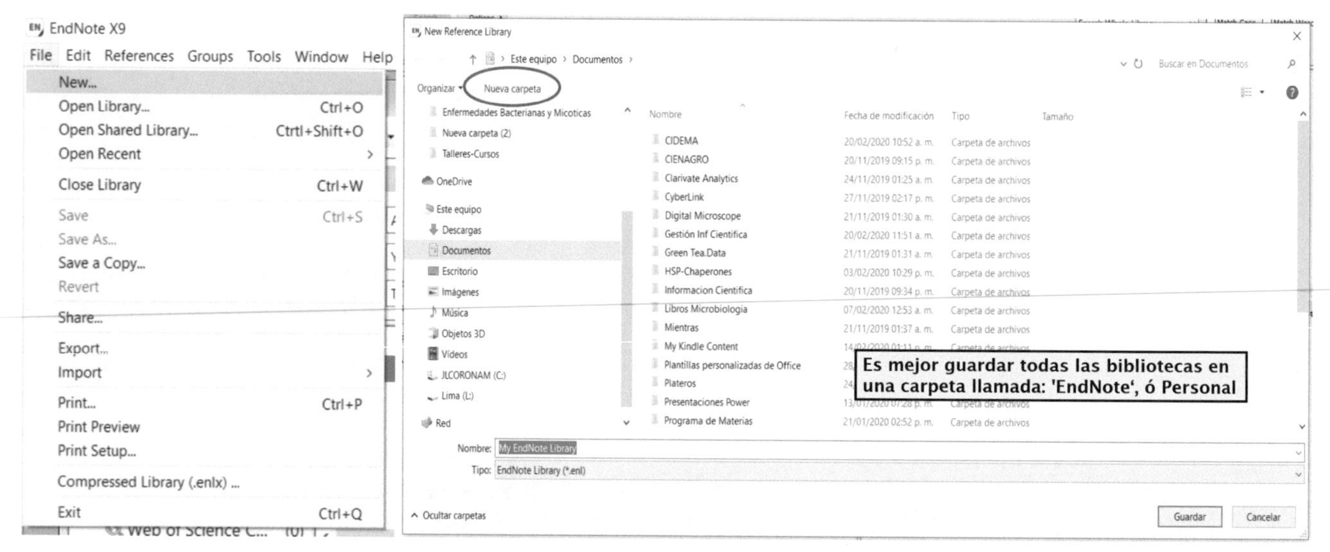

Figura 6.3. Creando nueva biblioteca.

6.3. MANEJAR REFERENCIAS.

Para desplazarse por las referencias de una biblioteca puede emplearse la barra de desplazamiento de la derecha de la ventana, las teclas ↑ y ↓, Re. Pág y Av. Pág, o Inicio y Fin.

6.3.1. PREVISUALIZAR REFERENCIAS.

Sin necesidad de editarlas, podemos ver con más detalle las referencias de la biblioteca, seleccionando la pestaña *"Show Preview"* en la parte inferior derecha de la ventana biblioteca. La información de la referencia se muestra en un panel adicional de la ventana, con el estilo seleccionado.

Por default el programa presenta las ventanas de *References, Preview* y visor de PDF a la derecha de la pantalla, nuestra recomendación es utilizar estas ventanas en la ́parte inferior ya que se trabaja mejor y se tiene mayor visibilidad de sus contenidos, esto se puede realizar dando click en *Layout* que se encuentra en la parte inferior a la derecha y seleccionar *Bottom – Split*, como se muestra en la Figura 6.4, en EndNote 20 no aparece esta opción, por default aparece del lado derecho de la pantalla y no tiene visor de PDF, si se desea ver el documento se tiene que abrir.

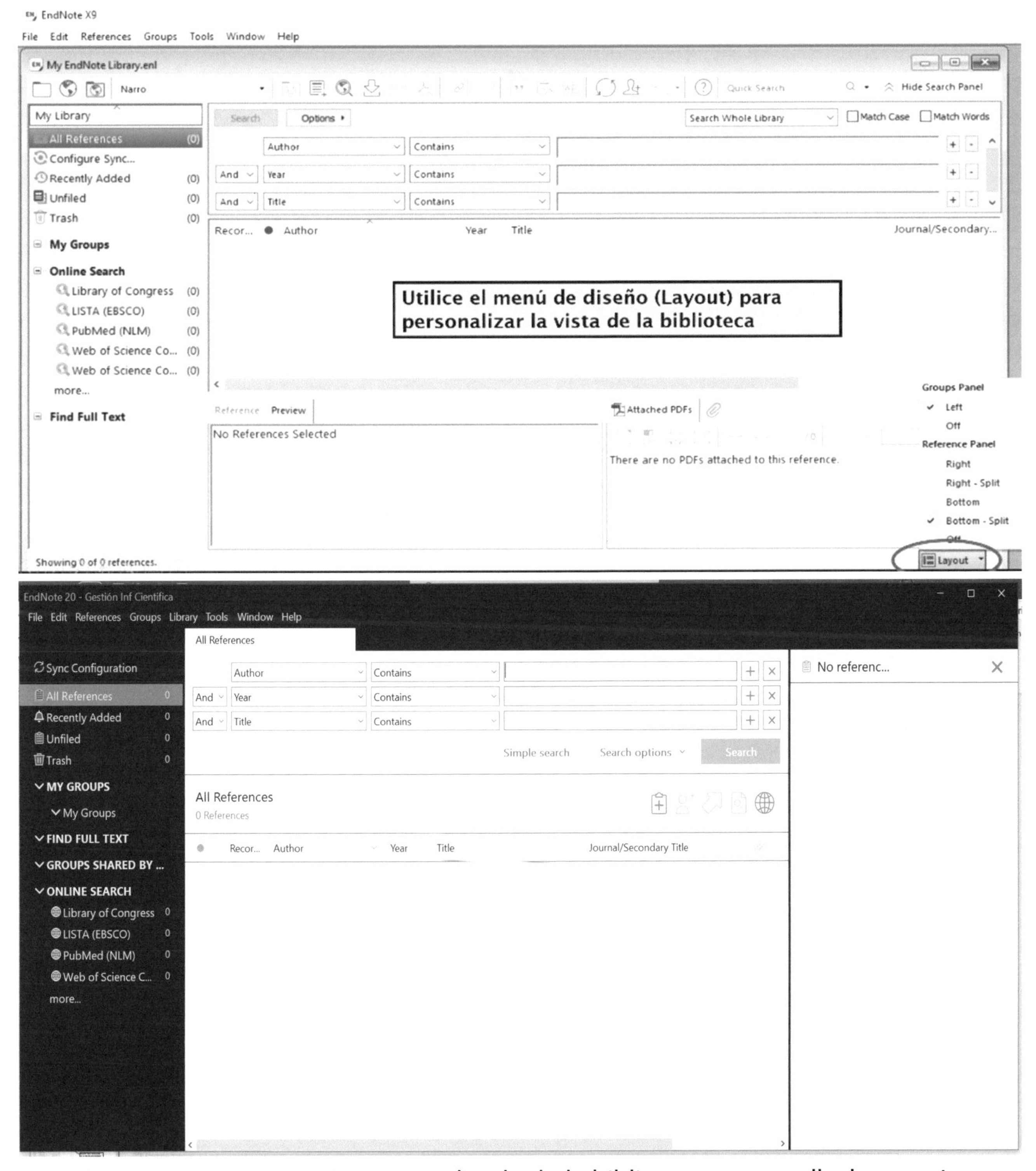

Figura 6.4. Presentación personalizada de la biblioteca en pantalla, la superior es como se presenta en el EnsNote X9 y la inferior es de EndNote 20.

- Abrir biblioteca (CTRL+O) - Editar (CTRL+E) o Crear (CTRL+N) referencias – Cerrar (CTRL+W).

Abrir las bibliotecas creadas desde el menú *File /Open Library*, se puede abrir rápidamente cualquier biblioteca donde se despliegan todas las bibliotecas almacenadas o recientemente utilizadas. En ella aparecerán todas las referencias, a cuya información se puede acceder, una vez seleccionada, pulsando ENTER o haciendo doble clic sobre la misma. Una vez abierta la ventana de la referencia se puede añadir o eliminar información, o modificar el estilo de referencia de la que se trata en el panel de *Reference Type* (artículo de revista, libro, patente, etc). Para crear una nueva referencia, ir al menú *References/New Reference*, o al icono indicado como '*New Reference*'en la barra de herramientas. También se pueden establecer bibliotecas que se abren por defecto con el programa desde el menú *Edit* accedemos a la opción *Preferences* de EndNote, desde dónde pueden personalizarse las características de las bibliotecas de EndNote. – Desde la opción *Libraries* podemos establecer y/o cambiar las bibliotecas que se abrirán con el programa. Seleccionando el nombre de la biblioteca en la lista y se hace clic en *Add Open Libraries* las bibliotecas almacenadas en el programa en ese momento pasarán a abrirse por defecto al iniciar EndNote. Para cambiar la elección y que no se abran, se selecciona el nombre de la biblioteca en la lista y se hace clic en *Remove Library.*

6.3.2. BUSCAR REFERENCIAS (CTRL+F)

El panel de búsqueda se abre al seleccionar *"Show Search Panel"*, que se encuentra en la parte superior de la barra de herramientas y se abre una ventana donde introducir los criterios de búsqueda, se puede cerrar con un click en *"Hide Search Panel"*.

Para una búsqueda rápida, pinchar sobre la cabecera del campo de búsqueda (autor, año, título) y teclear sin pausa las primeras letras/dígitos del autor, título/año. Aparecerá seleccionada la primera referencia de la biblioteca que se ajuste a los caracteres introducidos.

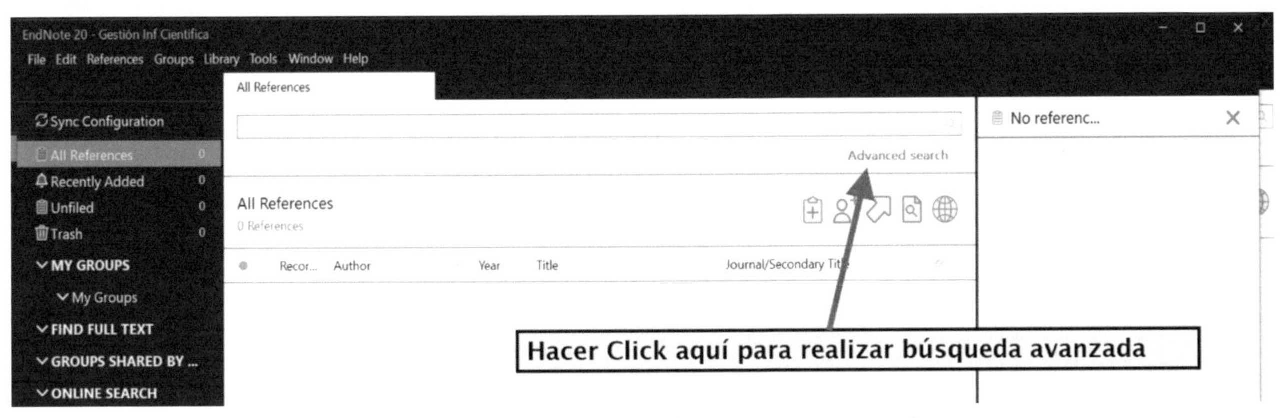

Figura 6.5. Panel de búsqueda en bibliotecas personales o remotas para EndNote X9 imagen superior y para EndNote 20 en la inferior.

1. Abrir la biblioteca en la que se desea buscar.
2. Ir a la ventana de *"Search"*, la búsqueda se puede realizar en la biblioteca propia en la que se está trabajando *"Search Whole" Library* cuando aparece esta leyenda en la ventana o también en una biblioteca remota al realizar búsquedas en Internet como Pub Med cuando se selecciona está en *"Online Search"* y aparece en la ventana la leyenda *"Search Remote Library"* que nos indica que la búsqueda se realizará en la Web.
3. Escribir en el primer cuadro de búsqueda el nombre del autor o cualquier otro término para que busque y seleccionar en la ventana el criterio del campo (por ejemplo *"Any Field")*, esto implica que EndNote buscará en cualquier lugar de cualquier campo la palabra que se ingresó.
4. Introducimos el rango de años para limitar la búsqueda en el siguiente panel el campo *Year*, y también se puede seleccionar en el panel donde dice *"contains"* en el listado que se despliega por ejemplo *'Is greater than or equal to'*, para que el programa busque y muestre todos los registros que cumplan con este criterio. En caso de necesitar más líneas para introducir los términos de búsqueda, ir al botón con el signo + (mas) para agregar y para elimina una línea se da click e en cuadro con el signo – (menos). que se encuentran a la derecha de la ventana.
5. Los operadores lógicos *"And, Or, Not"* aparecen al principio de cada línea. Seleccionar el operador lógico deseado en entre las líneas de los términos de búsqueda.

6.4. BÚSQUEDA DE BASES DE DATOS EN LÍNEA.

6.4.1. INTRODUCCIÓN A LA BÚSQUEDA DE BASES DE DATOS EN LÍNEA

Usando los comandos de búsqueda en línea de EndNote, puede buscar bases de datos bibliográficas en línea tan fácilmente como puede buscar en una biblioteca de EndNote en su propio ordenador. Los resultados de sus búsquedas se pueden descargar en una biblioteca temporal de EndNote o directamente en su propia biblioteca de EndNote.

El proceso de búsqueda de una base de datos en línea es muy similar a buscar en una biblioteca de EndNote. Estos son los pasos básicos involucrados; en temas de ayuda adicionales se proporcionan descripciones más detalladas de estos pasos.

En primer lugar, elija el modo de búsqueda integrado o en línea

Puede descargar las referencias encontradas directamente en una biblioteca de EndNote existente mediante el modo de biblioteca integrada o en una biblioteca temporal mediante el modo de búsqueda en línea.

El uso de una biblioteca temporal es útil si desea experimentar con estrategias de búsqueda potenciales o refinar una estrategia de búsqueda. Puede recuperar lotes de referencias sin afectar a la biblioteca permanente y, a continuación, copiar solo las referencias seleccionadas en la biblioteca permanente.

Para guardar referencias directamente en la biblioteca:

1. Abra la biblioteca de EndNote que recibirá las referencias descargadas.
2. Asegúrese de que el modo de búsqueda integrado de la biblioteca y en línea esté seleccionado para que todos los comandos y grupos estén disponibles.

Al descargar referencias de la base de datos en línea, se guardarán en la biblioteca abierta (el nombre de la biblioteca aparece en la parte superior de la ventana). Si descarga referencias que que no desea, debe eliminarlas de la biblioteca.

6.4.2. BUSCAR Y DESCARGAR REFERENCIAS

Para buscar y recuperar referencias de una base de datos en línea:

1. Iniciar la búsqueda en línea de la siguiente manera:

- En el menú Herramientas, seleccione *"Tools/Online Search"* para mostrar la colección completa de archivos de conexión. O bien, haga clic en *"more"* en los grupos *"Online Search"*. Seleccione la base de datos en línea que desea buscar y, a continuación, haga clic en *"Choose"*. Una vez establecida la conexión, el panel Buscar aparece listo para que pueda introducir una búsqueda.

2. Introduzca los términos o palabras clave de búsqueda en los campos de búsqueda del *"Search panel"* y a continuación, haga clic en "Search". EndNote busca en la base de datos y muestra el número de referencias que se encontraron para que coincida con los criterios de búsqueda.

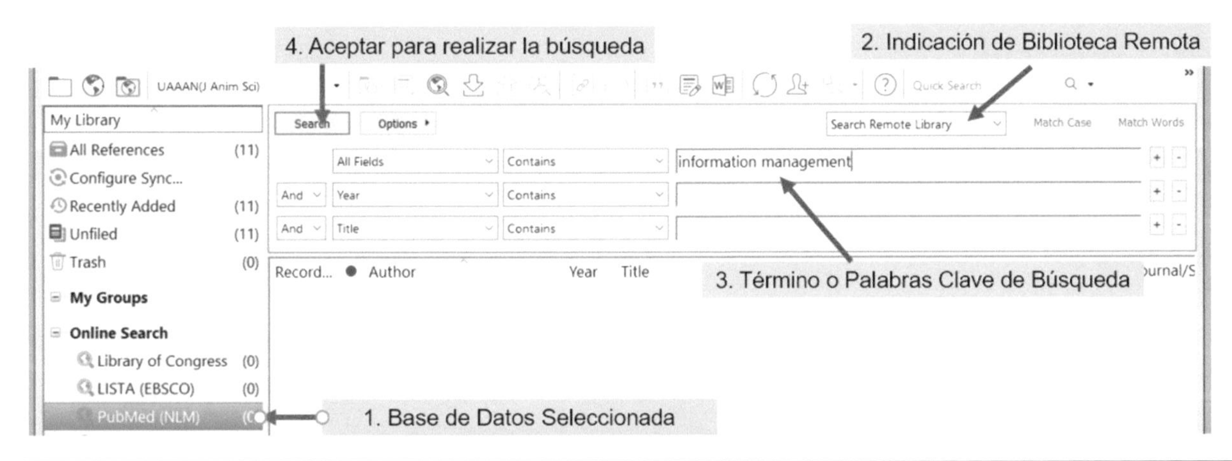

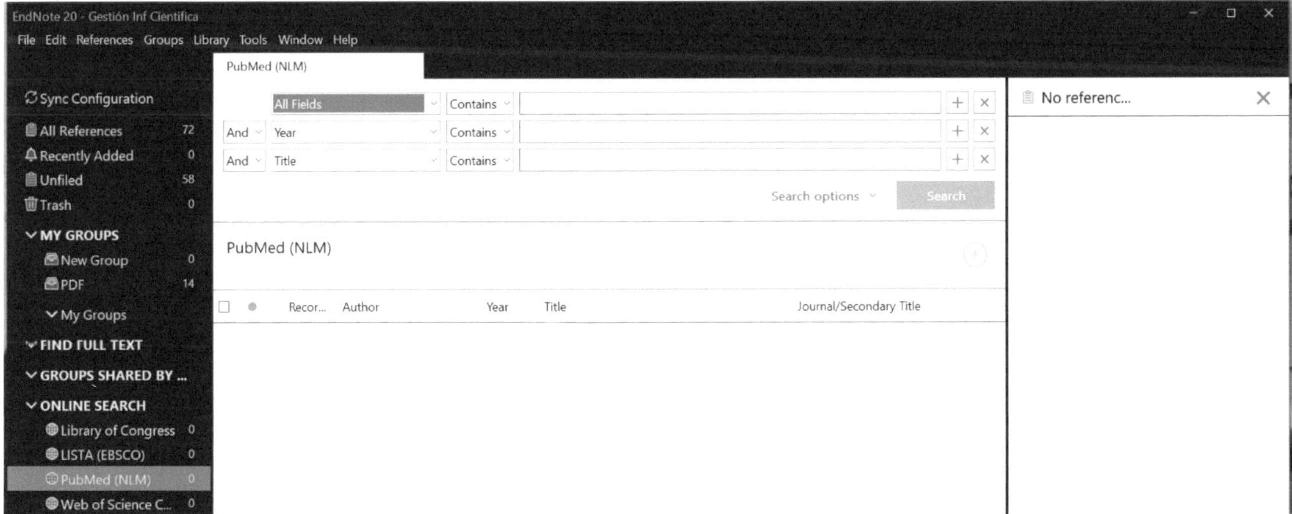

Figura 6.6. Búsqueda en línea de biblioteca remota seleccionada tanto en EndNote X9 (superior) y EndNote 20 (inferior)

3. Haga clic en *"OK"* para recuperar las referencias. Si son demasiadas las referencias dar como se muestra en la siguiente Figura dar click en *"Cancel"* para agregar más palabras, cambiar de campo o establecer un periodo de tiempo. También durante la descarga, si desea pausar durante la recuperación de registros, haga clic en *"Options"* y seleccione Pausar. Cuando esté listo para continuar, haga clic en Opciones y seleccione Reanudar.

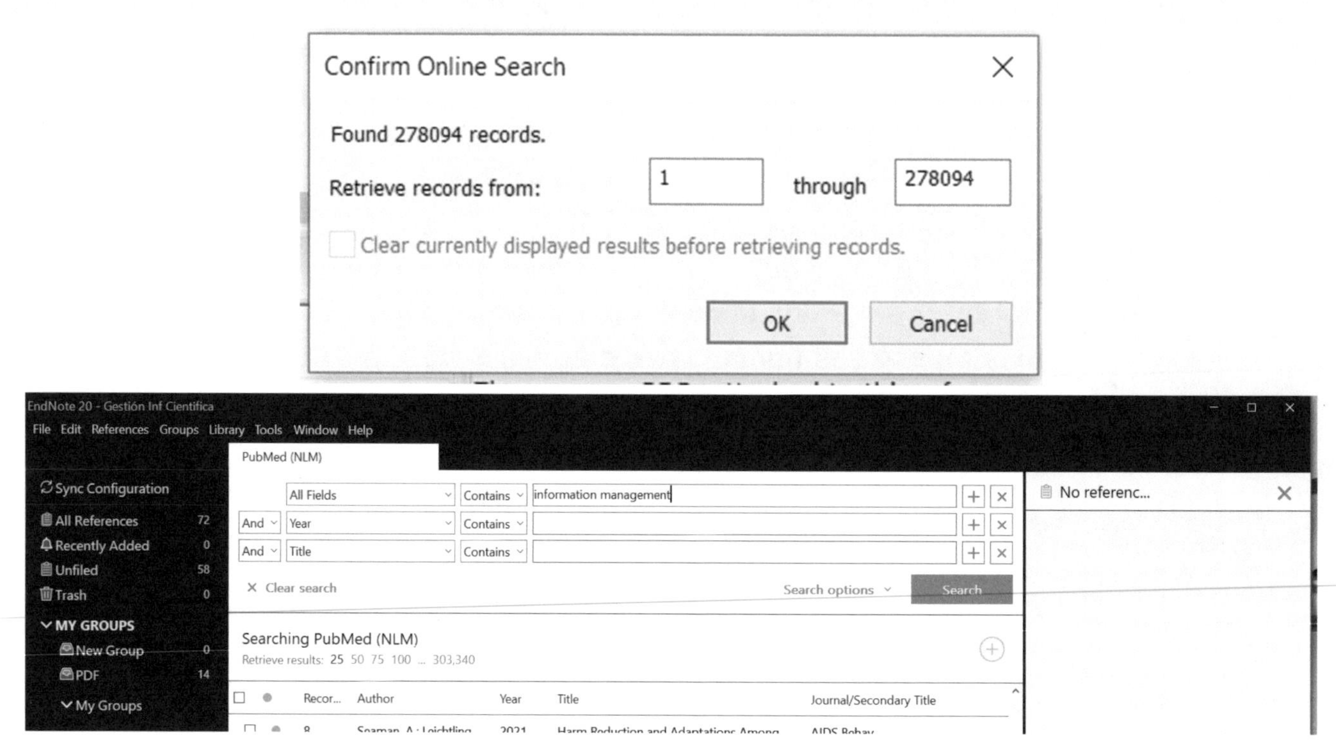

Figura 6.7. Resultado de la búsqueda en línea.

Nota: En el programa de **EndNote 20** ya no se presenta la ventana de *"Confirm Online Search"*, en cuanto se da Clic en búsqueda se inicia con la descarga de los primeros 25 registros más recientes y se debe hacer selección de los que a uno le interesa marcando la casilla y guardar como ya se señaló anteriormente en modos de búsqueda.

Como son demasiadas las referencias en el ejemplo de las figuras, se cancela y se refina la búsqueda de la siguiente manera: primero se cambia el primer campo de *"All Field"* a *"Title"* y utilizando el operador booleano *"AND"* se limitó el período de tiempo seleccionando en el segundo campo *"Entered Between (date 1:date 2)"*, y el programa arroja un resultado de menos registros los cuales al seleccionar *"OK"* se pueden recuperar.

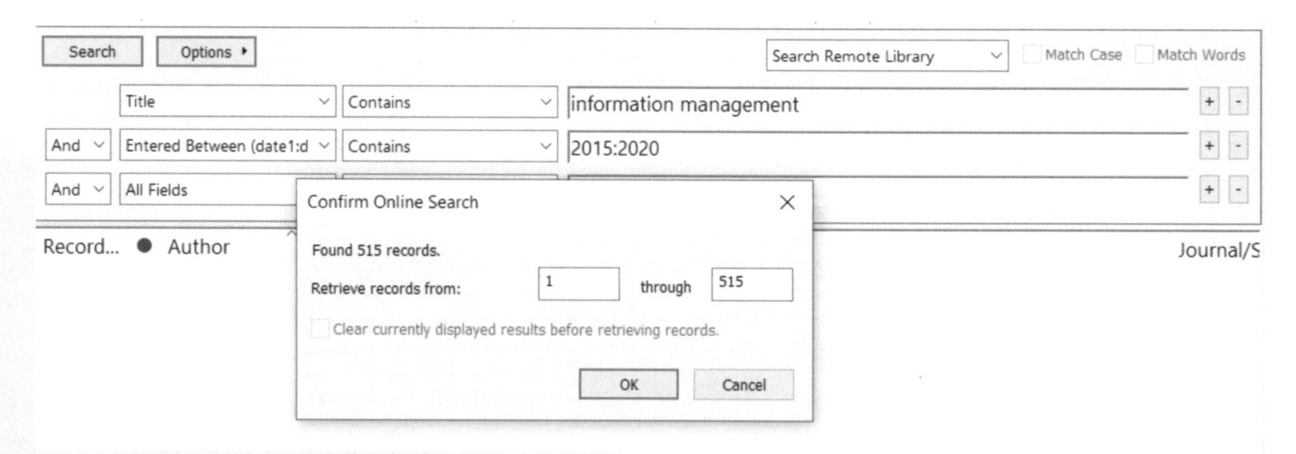

Figura 6.8. Delimitando lo búsqueda en línea con periodo de fechas

Nota: La conexión a la base de datos en línea se mantiene solo hasta que se completa la búsqueda y se recuperan las referencias coincidentes; cuando se descargan las referencias, se desconecta automáticamente. Cada vez que inicie otra búsqueda, EndNote se vuelve a conectar.

A continuación, se determina qué referencias se desean conservar

Si está trabajando en el Modo de Biblioteca Integrada (*"Integrated Library & Online Search Mode"*):

Todas las referencias ya se guardan en la biblioteca actual de EndNote y se muestran en un grupo en *"Online Search"*.

Si decide que no desea conservar ninguna de las referencias recuperadas, en el grupo *"Online Search"* que muestra referencias y haga clic en la lista, vaya al menú *"Edit/Select All"* y, a continuación, vaya al menú *"References/Move References to Trash"*.

También puede resaltar referencias individuales y seleccionar *"Referencias/Move References to Trash"*. (Puede utilizar *Ctrl +clic* para seleccionar referencias no contiguas en la lista, o utilizar Mayús+clic para seleccionar un rango de referencias.)

6.4.3. BASES DE DATOS GRATUITAS

Dos bases de datos principales que no requieren contraseñas son la base de datos *PubMed* de la Biblioteca Nacional de Medicina de los Estados Unidos (*U.S. National Library of Medicine*) y la Biblioteca del Congreso (*Library of Congress*). Muchos de los catálogos de bibliotecas generales también son ilimitados. Es posible que haya conexiones adicionales disponibles en el sitio en línea de EndNote en http://endnote.com/support.

6.5. GRUPOS.

6.5.1. ACERCA DE LOS GRUPOS Y CONJUNTOS DE GRUPOS.

La mejor manera de administrar una gran biblioteca EndNote es crear sub-bibliotecas o grupos. Es posible conectar hasta 5000 grupos para una sola biblioteca.

Los grupos facilitan la ruptura de una biblioteca grande en sub-bibliotecas o subconjuntos de referencias para su posterior visualización. Un grupo contiene un subconjunto de referencias que ya existen en la biblioteca.

Puede organizar aún más las referencias almacenando varios grupos en conjuntos de grupos.

6.5.2. LOS TIPOS DE GRUPOS EN ENDNOTE

Hay varios tipos de grupos que facilitan la organización de las referencias en EndNote. La primera sección de grupos se genera automáticamente e incluye tanto grupos permanentes como grupos temporales.

Permanent Groups - Los grupos permanentes incluyen todas las referencias, Sin presentar y Papelera. Se trata de grupos que no se pueden quitar ni cambiar de nombre. Muestra todas las referencias de la biblioteca. Sin presentar muestra las referencias que no forman parte de un grupo personalizado (y, opcionalmente, grupos inteligentes). La papelera es un lugar de retención para las referencias que ha eliminado de la biblioteca, pero aún no se ha descartado permanentemente vaciando la Papelera.

Temporary Groups - Los grupos temporales incluyen referencias copiadas, referencias duplicadas, referencias importadas, resultados de búsqueda y varios grupos de texto completo. Estos grupos temporales se pueden reemplazar a medida que se utilizan comandos en EndNote y siempre se eliminan al cerrar una biblioteca. (Solo se eliminan los grupos; las referencias permanecen en la biblioteca.)

Recently Added Group – Grupo recientemente añadido está integrado en cada biblioteca X9 (compartida, no compartida, sincronización y desincronización) que permite a los usuarios ver las últimas referencias agregadas. El grupo se maneja en una biblioteca por biblioteca y no está integrado en las preferencias globales para que se pueda configurar para mostrar las últimas 24 horas en una biblioteca y los últimos 30 días en otra.

Custom Groups - Los grupos personalizados son creados manualmente por el usuario para ayudar a organizar la biblioteca; puede arrastrar y colocar para copiar referencias individuales en un grupo personalizado. Los grupos personalizados se enumeran alfabéticamente.

Smart Groups - Los grupos inteligentes utilizan criterios de búsqueda para actualizar dinámicamente los grupos a medida que se editan las referencias existentes o se agregan nuevas referencias a la biblioteca.

Combination: Utilice grupos de combinación para organizar mejor las referencias de EndNote. Combine grupos y use AND, OR y NOT para crear nuevos grupos inteligentes útiles. Guarde las referencias en grupos y, a continuación, guarde conjuntos de grupos en conjuntos de grupos. Puede recopilar grupos personalizados y grupos inteligentes dentro del mismo conjunto de grupos de combinaciones.

Online Search - Los grupos de búsqueda en línea le permiten iniciar fácilmente una búsqueda de una base de datos en línea favorita y ver rápidamente la última descarga.

Find Full Text - Buscar grupos de texto completo son temporales y solo aparecen cuando se utiliza el comando *"Find Full Text"*.

6.5.2. USO DE CONJUNTOS DE GRUPOS

En poco tiempo, podría tener un gran número de grupos en su biblioteca. Para ayudar a organizar sus grupos, puede crear hasta 5.000 conjuntos de grupos. Los conjuntos de grupos pueden contener cualquier combinación de grupos personalizados y grupos inteligentes.

Utilice los signos más (+) o menos (-) junto a un encabezado de conjunto de grupos para expandir o contraer la lista de grupos que se encuentran en ese conjunto de grupos. Cuando la lista está contraída, el número junto al encabezado del conjunto de grupos refleja el número total de referencias encontradas en cada grupo. Este número podría incluir duplicados (referencias que se incluyen en más de un grupo).

Hay que recordar que algunos conjuntos de grupos son automáticos y no se pueden quitar ni cambiar de nombre. Estos incluyen Búsqueda en línea y Buscar texto completo.

6.5.3. CREAR GRUPOS PERSONALIZADOS.

Tanto en EndNote X9 como en EndNote 20, existen dos maneras de crear Grupos Personalizados:

En el menú seleccionar el tipo de grupo que se desea con un clic en "Groups" posteriormente seleccionar el tipo de grupo en el listado que se despliega como se ve en la Figura 6.9

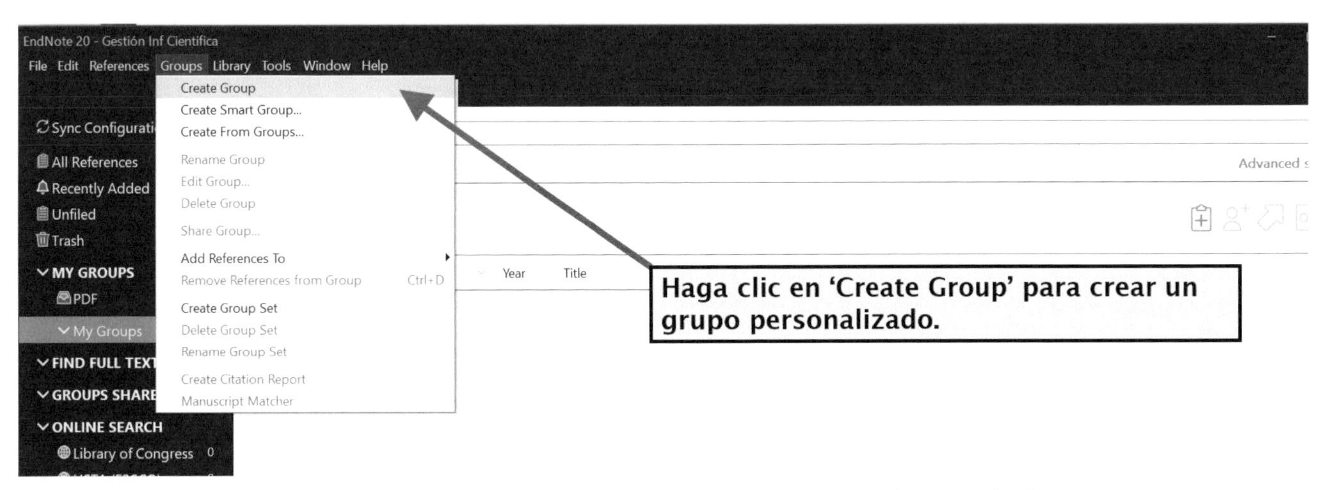

Figura 6.9. Crear Grupos Personalizados utilizando la barra de herramientas.

La otra manera de crear Grupos Personalizados es hacer clic con el botón derecho sobre "My Groups" y posteriormente seleccionar el tipo de grupo en el listado que se despliega como se ve en la Figura 6.10.

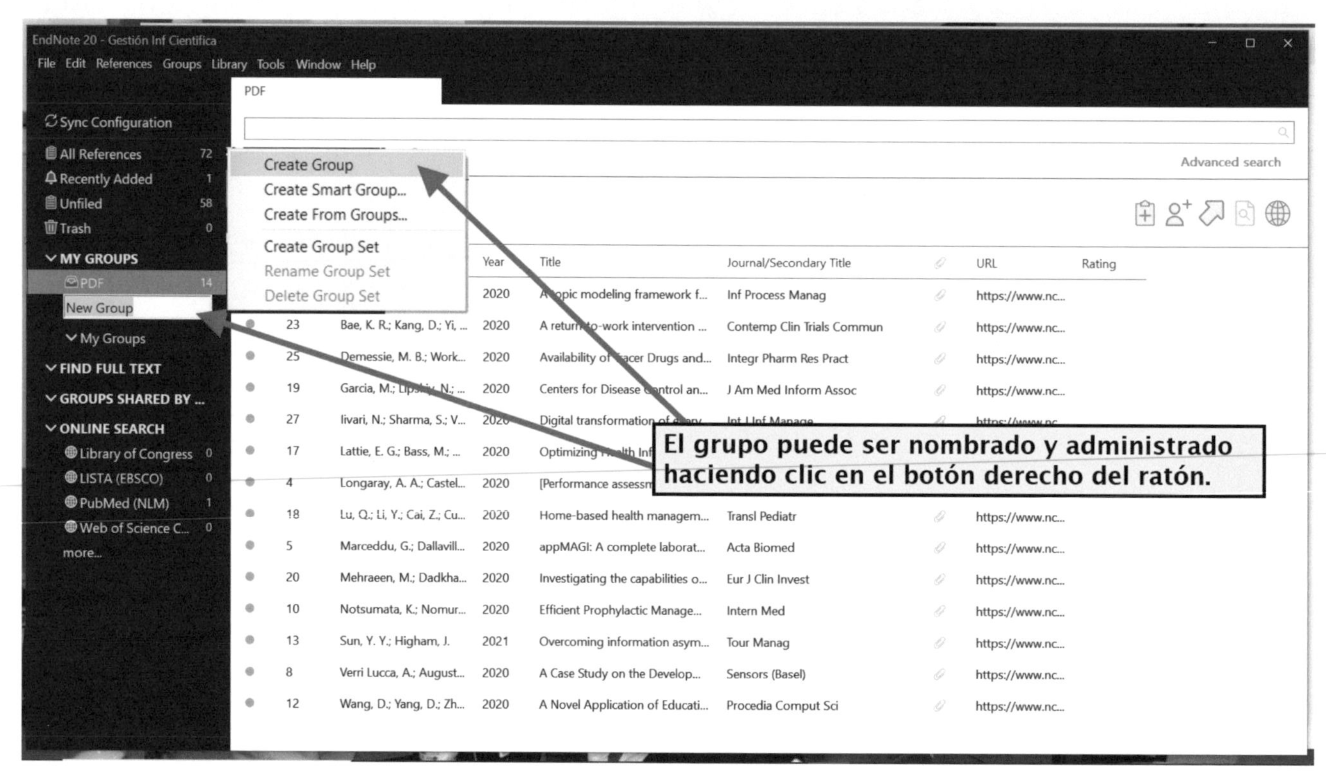

Figura 6.10. Crear Grupos Personalizados.

Para abrir o convertir una biblioteca de anteriores versiones:

1. Abrir EndNote.
2. Desde el menú *"File"*, seleccionar *"Open"* y después *"Open Library"*.
3. En la ventana de diálogo, localizar y seleccionar la vieja biblioteca, para abrirla posteriormente. EndNote advertirá que la biblioteca seleccionada fue creada con una versión anterior, y pedirá permiso para convertirla.
4. Aceptar en OK para convertir la biblioteca. Nombrarla y guardar.

NOTA: El tiempo que requiere EndNote para convertir la biblioteca depende del tamaño de esta. Consultar el indicador del progreso de la acción para saber cuándo EndNote ha completado la tarea.

6.6. LAS REFERENCIAS DE ENDNOTE

Las bibliotecas de EndNote pueden contener referencias bibliográficas de distintos tipos y procedencias tales como libros, artículos de revistas, patentes, archivos gráficos, etc.

Cada una de estas fuentes es lo que determina el llamado tipo de referencia ("*Reference Type*"). EndNote proporciona plantillas para cada uno de los tipos de referencias que puede almacenar.

Características de las referencias:

- A cada referencia añadida a la biblioteca, se le asigna automáticamente un número de registro que nunca cambia en esa determinada biblioteca. EndNote usa este número para las citas referenciadas en los documentos y no puede ser cambiado.
- Hay 55 tipos de referencias definidas (como Artículo de revista, Libro, Proceedings de Conferencias, etc.), además de tres tipos "*Unused*" disponibles para ser definidos por el usuario, y un tipo genérico ("*Generic*") que sirve como guía para determinar los campos de todas las plantillas. Este último es el único que no puede ser modificado.
- Cada tipo de referencia puede tener hasta 50 campos (Autor, Año, Título...), incluyendo el nombre del tipo de referencia. Los campos de las referencias pueden ser cambiados o borrados.
- Se puede asignar un tipo de referencia a cada referencia de la biblioteca.
- Los campos accesibles para cada tipo de referencia se establecen en la sección de preferencias de EndNote, específicamente en la sección "*Reference Types*".
- Al mover la biblioteca a un ordenador diferente, las referencias aparecerán según lo establecido por el usuario de dicho ordenador. Para mantener las preferencias del formato de las referencias en el nuevo ordenador, deberá transferirse además de la biblioteca una copia del fichero *RefTypeTable.xml* que se encuentra en *Documents and Settings\[YourFolder]\Application Data\EndNote* o en Archivos de programa "*\EndNote X\XML Support*".

6.6.1. CREANDO UNA NUEVA REFERENCIA

Para añadir referencias a una biblioteca de EndNote hay varias posibilidades:

- Introducir los datos en una ventana Referencia tecleando manualmente.
- Conectar con una base de datos bibliográfica online y extraer las referencias directamente a EndNote.
- Importar ficheros de texto de referencias bajadas desde bases de datos bibliográficas o CD-ROM's.

Los dos últimos modos de introducir referencias en posteriores temas. Por tanto, aquí veremos los pasos generales para introducir la información de una nueva referencia en una biblioteca abierta, este procedimiento es idéntico tanto para EndNote X9 y EndNote 20 como se ve en la Figura 6.11

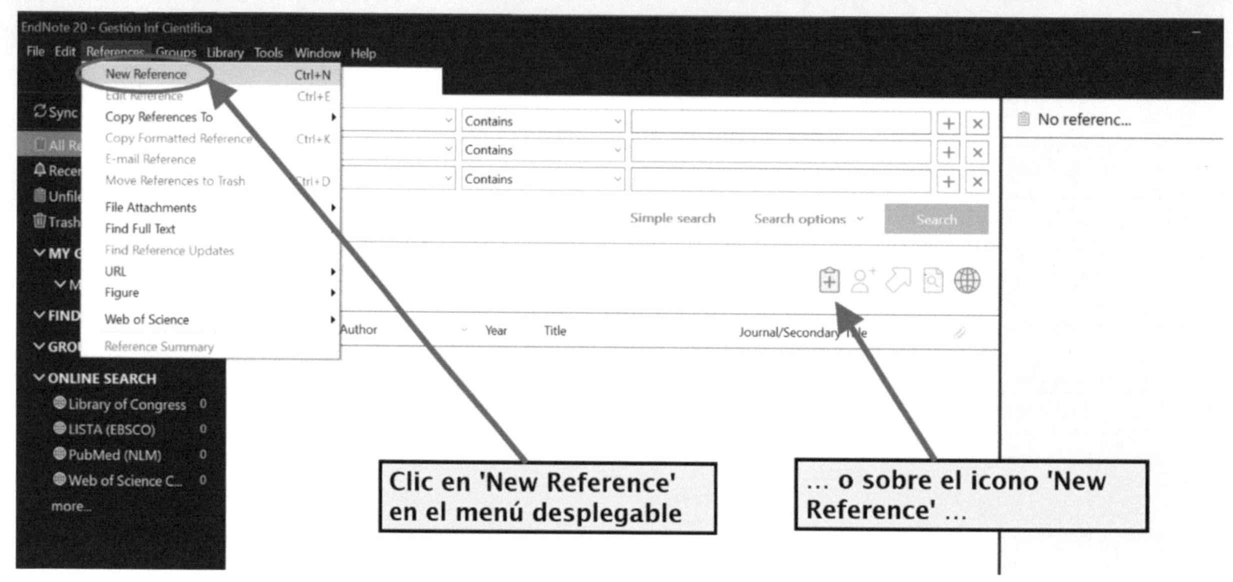

Figura 6.11. Creando Nueva Referencia o Registro.

6.6.2. INTRODUCIENDO INFORMACIÓN EN UNA NUEVA REFERENCIA

a) Desde el menú *"References"*, seleccionando *"New Reference"* (CTRL+N) se abre una ventana Referencia con todos sus campos vacíos.
Por defecto, las nuevas referencias que se creen son del tipo Journal Article, pero puede seleccionarse cualquier otro tipo de referencia desde el panel *"Reference Type"* en la parte superior de la ventana.
Seleccionando con el ratón el campo *Author*, introducimos el nombre de los autores del artículo, bien escribiendo 'Nombre Apellido' o 'Apellido, Nombre'. Para facilitar el proceso de introducción de datos, EndNote sugiere nombres similares en base a otros previamente referenciados, y almacenados en lo que denomina lista de términos (*Term List*). Una vez introducidos nombre y apellido del primer autor, pulsar ENTER para seguir introduciendo en la siguiente línea el resto de los autores. Esta posibilidad de autocompletar está disponible sólo si introducimos los autores de la forma 'Apellido, Nombre'.
Si es la primera vez que se introduce el nombre y, por tanto, no está en la lista de términos Autor para esta biblioteca, el nombre aparecerá en rojo. Una vez cerrada la referencia el nombre será incluido en la lista de términos. Para ver más sobre *Term List* ir a *"Preferencias"* de EndNote.
NOTA: La característica de autocompletar puede activarse y desactivarse en las preferencias de EndNote, en la sección *"Term List"*. Funciona también en los otros campos indexados *"Journal"* y *"Keywords"*.

b) Cambiamos al siguiente campo presionando la tecla TAB (en caso de querer retroceder, SHIFT + TAB). En el campo del año es necesario introducir los cuatro dígitos del año, sin paréntesis. También podría introducirse en este campo "pendiente de publicación" o cualquier otro tipo de notación.

c) En el campo "*Title*" no se añadirá ningún tipo de puntuación al final, ni se presionará ENTER ya que EndNote permite largos títulos que ajusta a su ancho de campo. Además, a pesar de que EndNote puede cambiar las minúsculas en mayúsculas de los títulos, es mejor introducir las mayúsculas en el título tal y como se desee que aparezca en la bibliografía.

d) En el campo URL, teclea o copia una dirección URL válida, como por ejemplo http://www.endnote.com o ftp://ftp.cuteftp.com
EndNote reconoce automáticamente los prefijos 'http://' o 'ftp://', y las transforma en hipervínculos. De esta forma haciendo clic sobre el enlace, se abrirá el explorador buscando la dirección dada.

e) Algunas bases de datos online incluyen una dirección URL para el texto completo o el "*abstract*" del artículo. Pero en este campo puede incluirse cualquier enlace a información de la Web relacionada con el artículo u otra información relevante.
NOTA: Accederemos a los comandos "*Link to*" o "*Open*"' relacionados con la URL, o con el campo PDF, pinchando con el botón derecho del ratón sobre la ventana abierta de la referencia.

f) En "*Link to PDF*" guardaremos la ruta de acceso a un fichero PDF (u otro tipo de fichero) en el disco duro de nuestro ordenador.

Para añadir el enlace a fichero en una referencia abierta:

1. Ir al menú a "*References/PDF>Link to PDF*";
2. En la ventana de dialogo localizar el documento.
3. Nótese que hay dos opciones para introducir el documento:

- Insertado como un enlace relativo: Esta opción aparece por defecto seleccionada en la parte inferior izquierda de la ventana de diálogo como "*Copy this file to the default PDF folder and create a relative link*". De esta forma, una copia del PDF original será guardada en la carpeta DATA\PDF de la correspondiente biblioteca. EndNote podrá por tanto acceder siempre a este fichero, incluso cuando compartamos la biblioteca (siempre y cuando no hayamos olvidado incluir junto con el *fichero.ENL*, el *fichero.DATA* de la biblioteca). Sin embargo, si editamos el PDF original, los cambios sólo aparecerán en el original y no en la copia del documento enlazado a la biblioteca de EndNote.
- Insertado como un enlace absoluto: Si deshabilitamos la anterior opción, EndNote enlazará el archivo a su localización original. La desventaja es que, si movemos el fichero PDF, EndNote ya no será capaz de acceder a él a no ser que hayamos vuelto a insertar el documento desde su nueva localización. De la misma forma, al compartir la biblioteca el archivo PDF no estará disponible. Ahora

bien, cualquier cambio introducido en el documento aparecerá cuando se abra el documento desde EndNote.

4. Seleccionamos *"Open"* y en la biblioteca aparecerá el icono indicando el tipo de archivo insertado.
   NOTA: Los ficheros PDF pueden incluirse en las referencias, vistas en la ventana de la biblioteca, arrastrando y soltando el icono del PDF en la línea de la referencia correspondiente.
   g) Los campos *"Image y Caption"* serán tratados en una sección aparte a continuación.
   h) Acabamos de introducir la información de la referencia en los campos que sea necesario, teniendo en cuenta que, en general, no hace falta incluir signos de puntuación extra o estilos de texto determinados.

   Cerrando la ventana de referencia- desde el menú *"References/ Close Reference"*, desde el botón de cierre, o más rápidamente presionando CTRL+W, la información se guarda de forma automática, apareciendo la nueva referencia resaltada en la ventana Biblioteca.

6.6.3. ARCHIVOS GRÁFICOS EN LAS REFERENCIAS

EndNote permite organizar imágenes, gráficas y ficheros introducidos en el campo *"Image"* de cualquier tipo de referencia. Además, dispone tres tipos de referencias específicas - *"Figure, Chart or Table"*, y *"Equation"*- para catalogar este tipo de imágenes u objetos. Estos archivos gráficos después pueden introducirse en un documento de texto.

La diferencia entre los archivos imagen y archivos objeto se basa en la forma en que Microsoft Word interpreta el fichero. Las extensiones interpretadas como imágenes son:

- BMP Bitmap
- GIF Graphics Interchange Format
- JPEG JPEG File Interchange Fotmat
- PNG Portable Network Graphics
- TIFF Tag Image File Format

Cualquier otro documento adjunto introducido, ahora como objeto, ha de ser de los formatos:

- Audio files (WAV, MP3)
- Microsoft Access files
- Microsoft Excel files
- Microsoft Power Point files
- Microsoft Project files
- Microsoft Visio files

- Microsoft Word files
- Multimedia files (MOV, QuickTime)
- Technical drawing files
- Text files (.TXT, .RTF, HTML)

Es importante tener en cuenta que:

1. Cada referencia puede contener sólo un fichero gráfico o adjunto. Introduciendo un segundo fichero, éste reemplazará al primero.
2. Sólo se podrá insertar el archivo gráfico en una referencia que disponga de campo *"Image"*. Si fuera necesario, el campo *"Image"* se añadirá al tipo de referencia empleando las preferencias *"Reference Types"* como se describe en la sección "Bibliotecas y preferencias de EndNote" .
3. Si se introduce mediante *"Copy-Paste"* el archivo, puede perder calidad respecto al original.
4. Al introducir un archivo imagen, EndNote lo copia y coloca en la carpeta *.DATA* de la correspondiente biblioteca.

Si movemos la biblioteca a otro ordenador, o si queremos compartir la biblioteca con alguien, no olvidar copiar la carpeta *.DATA* asociada a esa biblioteca o hacerlo desde *"File/Save A Copy..."*, para asegurase de que se copian correctamente todos lo datos de los registros.

Introduciendo los archivos gráficos

a) a) Una vez abierta la referencia – haciendo doble clic sobre ella con el ratón una vez seleccionada en la biblioteca- ir a menú *References/Insert Picture (Insert Object*). Se abrirá entonces la ventana de búsqueda del documento.
b) Una imagen en miniatura o el icono del adjunto correspondiente aparecerá en el campo *"Image"* de la referencia.
c) A continuación, escribir siempre el pie de la figura o la nota descriptiva del fichero en el campo *"Caption"*. La información de este campo servirá para una posible búsqueda de imágenes, y será la etiqueta asociada al fichero en la lista de figuras o archivos adjuntos al final de un documento de Word.
d) Cerrar la referencia y volver a la ventana de la biblioteca.

   Las referencias de la biblioteca que contengan archivos gráficos tendrán el icono de un clip en la columna correspondiente de la ventana –por defecto, la primera de la izquierda-. Para visualizar rápidamente las referencias con imagen, hacer clic en la cabecera de la columna del campo *"Image"* representado con el clip.

   Podemos editar el archivo adjunto del campo *"Image"*, haciendo doble clic sobre el mismo.

Cualquier cambio será guardado en el archivo adjunto de la referencia y no en el archivo original. Es decir, todo cambio será almacenado en el fichero de la carpeta DATA correspondiente a la referencia.

Una vez las referencias incluyen archivos gráficos, éstos, junto con la información del campo *"Caption"*, pueden ser insertados en un documento Word mediante la opción especial para este campo de EndNote *"Cite While You Write"*.

6.7. BÚSQUEDA REMOTA DE BASES DE DATOS.

Crear bibliotecas con EndNote tiene la ventaja de poder importar referencias sin necesidad de introducirlas tecleando una a una. A través de los comandos de búsqueda remota *"Connect"* y *"Search"*, EndNote accede a bases de datos bibliográficas en la red, permitiendo bajar la información de las referencias buscadas y almacenar directamente en las bibliotecas. Existen más de 560 conexiones predefinidas, pudiendo acceder a bases de datos remotas como *Web of Science, PubMED, OVID*, etc.

No obstante, no siempre podremos extraer información desde una base de datos. En dicho caso, lo más rápido será copiar la referencia en un procesador de texto, manipular los datos convenientemente, y copiarlos todos en el campo Título de una nueva referencia; desde ahí, hacer Copy-Paste de los datos a su campo correspondiente.

De la misma manera, la mayoría de las bases de datos requieren una cuenta para permitir el acceso, aunque también muchas de ellas son de libre acceso. Dos de las más importantes que no requieren claves de acceso son la base de datos *PubMed* de la *National Library of Medicine*, y *Library of Congress*. Además, otros muchos catálogos generales de las bibliotecas tienen acceso libre.

6.7.1. CONEXIÓN REMOTA A BASE DE DATOS.

Buscando la base de datos

1. Seleccionar el icono del comando *"Connect"* aparecerán las bases de datos listadas en una ventana; o ir al menú *"Tools/Connect>Connect..."* En el mismo submenú se desplegarán las bases de datos favoritas (o aquellas con las que ya se ha establecido conexión), para agilizar el proceso en sucesivas conexiones.
2. Seleccionar la conexión a un archivo - por ejemplo, el *PubMed* - y pinchar sobre *"Connect"*. Si no aparece un mensaje de error avisando de que la conexión no

ha podido establecerse, se abrirán dos ventanas: en primer plano, la ventana de búsqueda, y detrás la ventana en que se recogerán las referencias encontradas.

3. Introducir en la ventana de búsqueda los términos necesarios para encontrar las referencias y seleccionar "*Search*". Una vez ejecutada la acción, EndNote abre una ventana con el número de referencias encontradas en la base de datos y que se ajustan a los criterios de búsqueda.
4. CUIDADO: Si el número de referencias encontradas es demasiado grande, conviene refinar la búsqueda. Seleccionamos Cancel, volvemos a la ventana de búsqueda y añadimos más información en alguno de los campos.
5. Una vez seleccionado OK en la ventana de resultados, las referencias encontradas se mostrarán en la ventana de referencias.
6. NOTA: si se desea volver a realizar una búsqueda, llegados a este punto, ir al menú *Window>Remote Search Window* de la barra de herramientas e introducir los criterios de búsqueda. En la ventana de confirmación de búsqueda, "*Confirm Search*", ¿Window ofrecerá la posibilidad de descartar las referencias inicialmente encontradas y sustituirlas por las nuevas– seleccionando la caja de la pregunta "Discard the previously retrieved references?"- o añadir las últimas encontradas.
7. En este momento, seleccionar las referencias que interese añadir a nuestra biblioteca. En caso de que esté abierta, podremos hacerlo arrastrándolas a la biblioteca, o con los comandos "*Copy-Paste*". Existe también la posibilidad de copiar las referencias a una nueva biblioteca, o a una biblioteca abierta o cerrada con el comando "*Copy References To*".

6.7.2. INSTRUCCIONES GENERALES DE IMPORTACIÓN.

Pasos básicos

1. Abrir la biblioteca a la que queremos importar las referencias.
   SUGERENCIA: Al importar la información se puede realizar inicialmente a una biblioteca temporal, determinar las referencias que nos interesan y, entonces, moverlas a la biblioteca permanente.
2. Desde el menú *File* seleccionando "*Import*", habilitar la siguiente ventana de importación.
3. Seleccionar el fichero a importar, mediante el comando de búsqueda de la ventana, "*Choose File*".
4. Escoger la opción de importación dentro del menú "*Import Option*". Las opciones de importación se detallan al final esta lista.
5. En "*Duplicates*" seleccionamos una de las siguientes opciones para la importación de las posibles referencias duplicadas:
   - ✓ "*Import All*", importa también las referencias que se encuentran duplicadas.
   - ✓ "*Discard Duplicates*", importa todas las referencias excepto las duplicadas.

✓ *"Import into Duplicates Library"*, las referencias duplicadas son importadas a una biblioteca llamada *file-Dupl*, donde *"file"* es el nombre de la biblioteca a la que estamos importando.

6. *"Text Translation"* es una opción que permite especificar la codificación del texto a importar, para que se realice correctamente. Es importante en caso de referencias en lenguajes con caracteres extendidos, y se debería verificar la elección con el proveedor de la base de datos. Si el fichero de texto no contiene caracteres extendidos, escogeremos *"No Translation"*.
7. Finalmente, seleccionar *"Import"*.

Una vez finalizado el proceso de importación, en la ventana de la biblioteca sólo aparecen las referencias importadas. Este es el momento adecuado para verificar que el proceso de importación se ha realizado correctamente. Una vez comprobado, ir al menú *"References/ Show All"* (CTRL+M) para visualizar todas las referencias de la biblioteca.

Opciones de importación.

De todas las opciones para importar que incluye EndNote, las más empleadas son:

- EndNote Library: para importar de una biblioteca de EndNote a otra.
  Procurar antes de exportar referencias de una biblioteca de EndNote a otra:
  - seleccionar las referencias a exportar; si se van a exportar todas las referencias de la biblioteca, no hace falta seleccionarlas;
  - presionar el botón derecho del ratón sobre la selección, y en el menú desplegable pinchar *"Show Selected References"*;
  - seleccionar en la barra de herramientas como estilo de las referencias *'EndNote Export'*.
- EndNote Import: para importar ficheros de texto bajados desde bases de datos en la red o exportadas desde EndNote con el formato de EndNote.
- *Refer/BibIX*: para importar ficheros exportados desde programas *Refer* o *BibIX.*
- *ProCite*: para importar ficheros de texto exportados desde ProCite en el formato establecido por defecto delimitado por comas o comillas.
- *Tab-delimited*: para importar ficheros de texto en los que los campos de una determinada referencia han sido separados por etiquetas.
- *Reference Manager (RIS)*: para importar ficheros de texto exportados desde *Reference Manager*, *Reference Update* o *Reference Web Poster*, o cualquier otra fuente que use el formato *RIS*.
- *ISI-CE*: para ficheros bajados desde la página *Clarivate Analitics* y otras fuentes dependientes de (*Thomas Scientific*) en Grupo Web de la Ciencia (*Web of Science Groups)* del sitio de www.endnote.com.
- *EndNote Generated XML*: para importar el formato XML. Los filtros *EndNote Generated XML* son los únicos que no pueden ser modificados.

- *Other Filters*: nos permite buscar en una lista de cientos de filtros configurados, el filtro adecuado para la fuente de datos que queremos importar.

6.8. BÚSQUEDA DE TEXTO COMPLETO PARA UNA REFERENCIA (*"FIND FULL TEXT"*)

EndNote puede localizar archivos de texto completo en la Web mediante los datos almacenados en las referencias. Una vez encontrado, EndNote descarga y adjunta los archivos a las referencias.

EndNote puede utilizar estos métodos al buscar publicaciones de texto completo:

- Web of ScienceCore Collection Full Text Links
- DOI (Digital Object Identifier)
- PubMed LinkOut (U.S. National Library of Medicine)
- OpenURL

EndNote intentará utilizar todos estos métodos para optimizar la probabilidad de encontrar archivos de texto completo asociados con sus registros bibliográficos.

6.8.1. BUSCAR GRUPOS DE TEXTO COMPLETO

Durante el proceso de búsqueda y descarga de "*Find Full Text*", los resultados se actualizan constantemente en un grupo "*Find Full Text*". Inicialmente, el grupo "*Find Full Text*" se agrega debajo de todos los demás conjuntos de grupos. Sin embargo, se puede hacer clic y arrastrar el grupo "*Find Full Text*" establecido en cualquier posición. EndNote mantendrá esa nueva posición entre sesiones.

6.8.2. BUSCANDO TEXTO COMPLETO.

Para buscar texto completo se seleccionan las referencias que nos interesa y posteriormente en el menú de herramientas hacemos clic en "*References/Find Full Text/Find Full Text*", o directamente en el icono de "*Find Full Text*" como se muestra en la Figura 6.12.

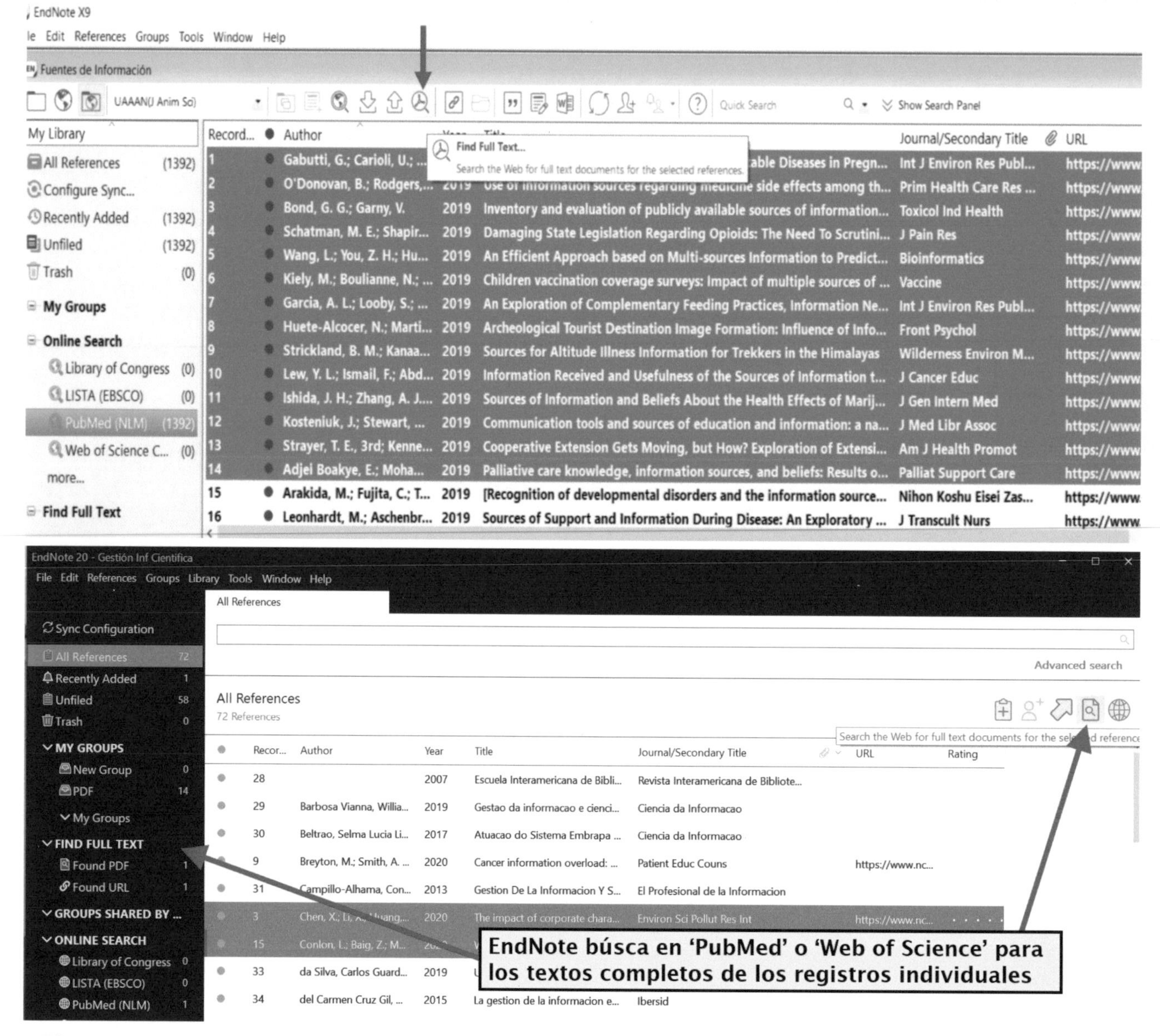

Figura 6.12. Búsqueda de Texto Completo en PDF de la(s) Referencia(s) o Registro(s).

Los resultados de una búsqueda de texto completo permanecen para la sesión actual hasta que cierre la biblioteca cómo se puede observar en la Figura 6.13. Las categorías incluyen:

- *Searching*
- *Found PDF*
- *Found URL*
- *Not Found*

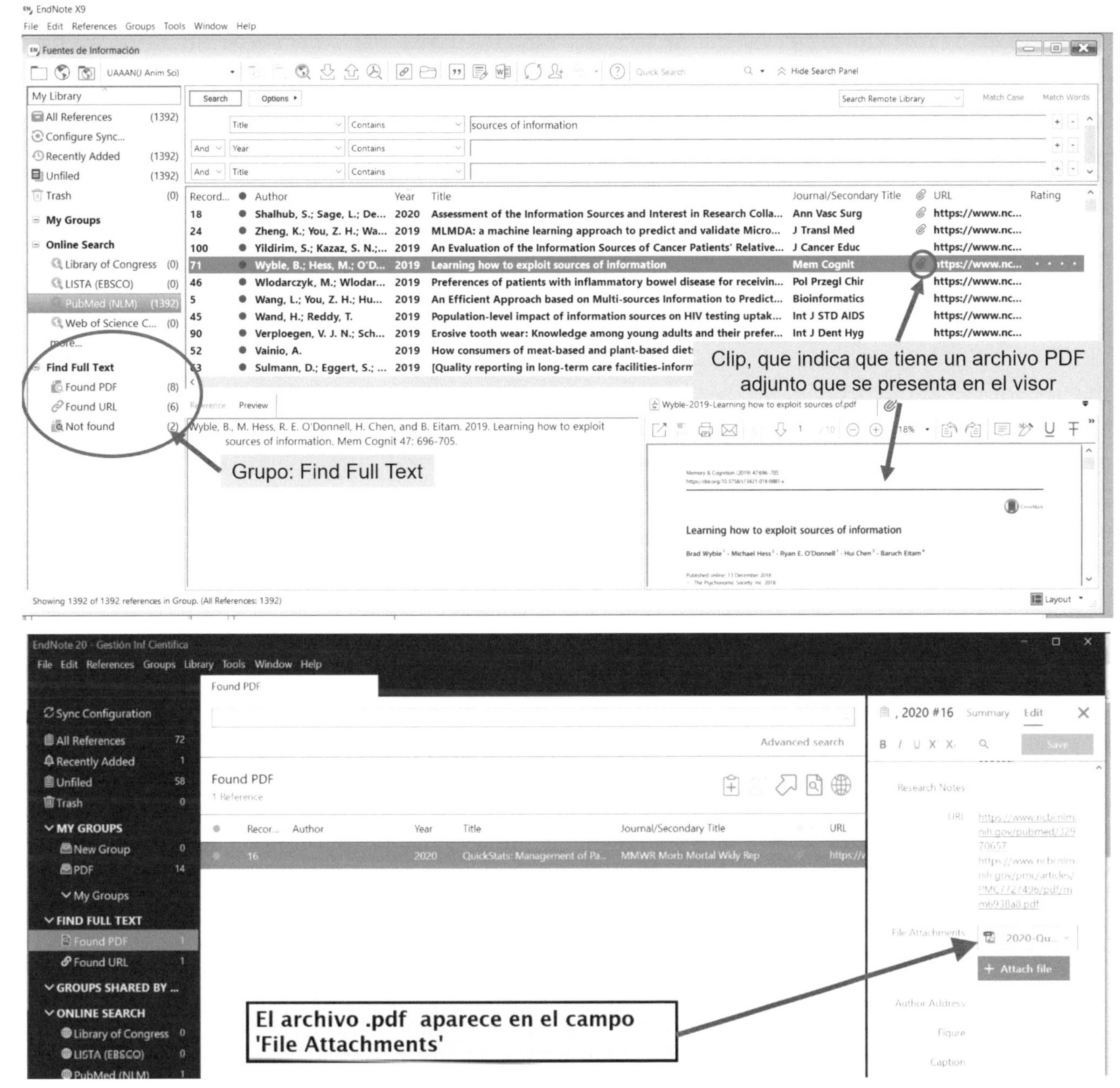

Figura 6.13. Resultados de la búsqueda de Texto Completo, PDF encontrado (Recordar que EndNote 20 no tiene la ventana donde se ve el documento en PDF).

Si ejecuta la operación *"Find Full Text"* más de una vez durante una sola sesión de biblioteca, las referencias adicionales se agregan a las referencias que ya se encuentran en el grupo *"Find Full Text"*

Este grupo muestra el conjunto actual de referencias para el que EndNote está intentando encontrar el archivo de texto completo de cada trabajo al que se hace referencia o al menos una dirección URL al trabajo al que se hace referencia. Cuando se completa la búsqueda de texto completo, se elimina este grupo. Las referencias a las que se agregó texto completo o una URL se muestran en un grupo PDF encontrado o en un grupo de URL encontrada.

Puede cancelar la operación Buscar texto completo en cualquier momento haciendo clic con el botón derecho en el grupo Búsqueda, para mostrar un menú contextual y seleccionando Detener la búsqueda de texto completo. Texto completo que se ha recuperado hasta que ese punto ya se ha guardado en la biblioteca.

PDF encontrado (*Found PDF*).

Este grupo muestra el conjunto de referencias para el que EndNote insertó el archivo PDF del trabajo al que se hace referencia como archivo adjunto. Estas referencias muestran un icono de clip de papel en la columna Archivos adjuntos de la lista de referencias. Si también se encuentra una dirección URL, se agrega a la referencia, pero la referencia no se incluye en el grupo URL encontrada.

Si una operación Buscar texto completo ya ha adjuntado un archivo a una referencia seleccionada, EndNote omitirá esa referencia al buscar texto completo. Si desea buscar un artículo de texto completo para la referencia, primero debe eliminar los datos adjuntos de archivo existentes.

PDF no encontrado (*Not Found*).

Este grupo muestra el conjunto de referencias que EndNote no pudo encontrar, estos se pueden buscar por otros medios:

Si en el registro se tiene el DOI, podemos utilizar la página Sci-Hub, que es el sitio pirata más grande del mundo para artículos académicos, y, creado por Alexandra Elbakyan es una típica estudiante de posgrado en ciencias frustrada y que se arriesgó a ser arrestada (Bohannon, 2016), gracias a ella a través de su sitio se pueden obtener documentos en PDF sin problema.

Figura 6.14. Sitio Sci-Hub creado por Alexandra Elbakyan.

Se busca el campo DOI en el registro del documento que se quiera recuperar y no pudo con EndNote lo copiamos y pegamos en el campo el DOI y se pega en el campo *"enter URL, PMID / DOI or search string"* y luego damos clic en open como se muestra en la figura 6.15.

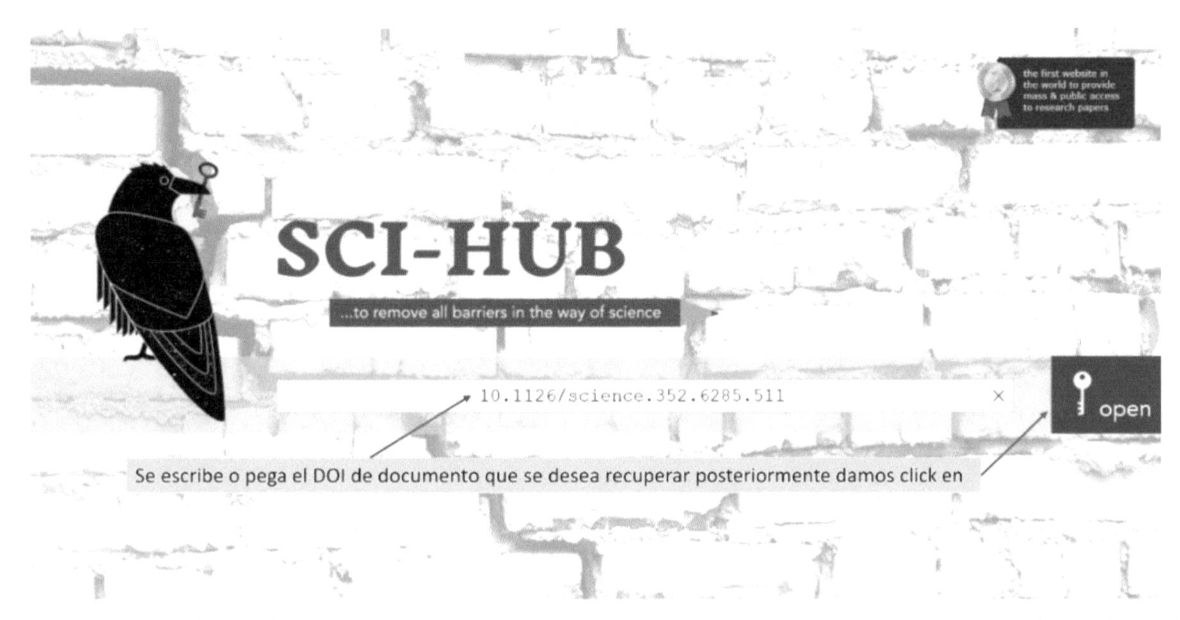

Figura 6.15. Sitio Sci-Hub para recuperar documentos en Texto Completo (PDF).

Enseguida el documento en PDF es buscado por este sitio quitando todos los candados y como resultado se muestra cuando lo encuentra, como se ve en la figura 6.16 y entonces podemos guardarlo y anexarlo al registro que tenemos en nuestro administrador de referencias EndNote.

Figura 6.16. Texto Completo (PDF) recuperado en el Sitio Sci-Hub.

Si no se tiene el DOI en el registro se puede buscar el documento por medio del URL o el icono de liga que aparece en el menú de herramientas para ir directamente a Pub-Med y de allí a la revista, donde se puede recuperar a veces el texto completo o encontrar el DOI y se busca como se señaló anteriormente en el sitio Sci-Hub. Si no se puede obtener de esta forma el texto completo también se puede realizar la búsqueda sobre todo en artículos que ya tienen tiempo de haber sido publicados, para ello utilizamos Google Académico, con el título del artículo en donde en ocasiones se puede obtener el PDF, también pueden aparecer otros documentos los cuales se pueden descargar en PDF y también el registro para lo cual primero debemos primero configurar el Google Académico como se muestra en la figura 6.17.

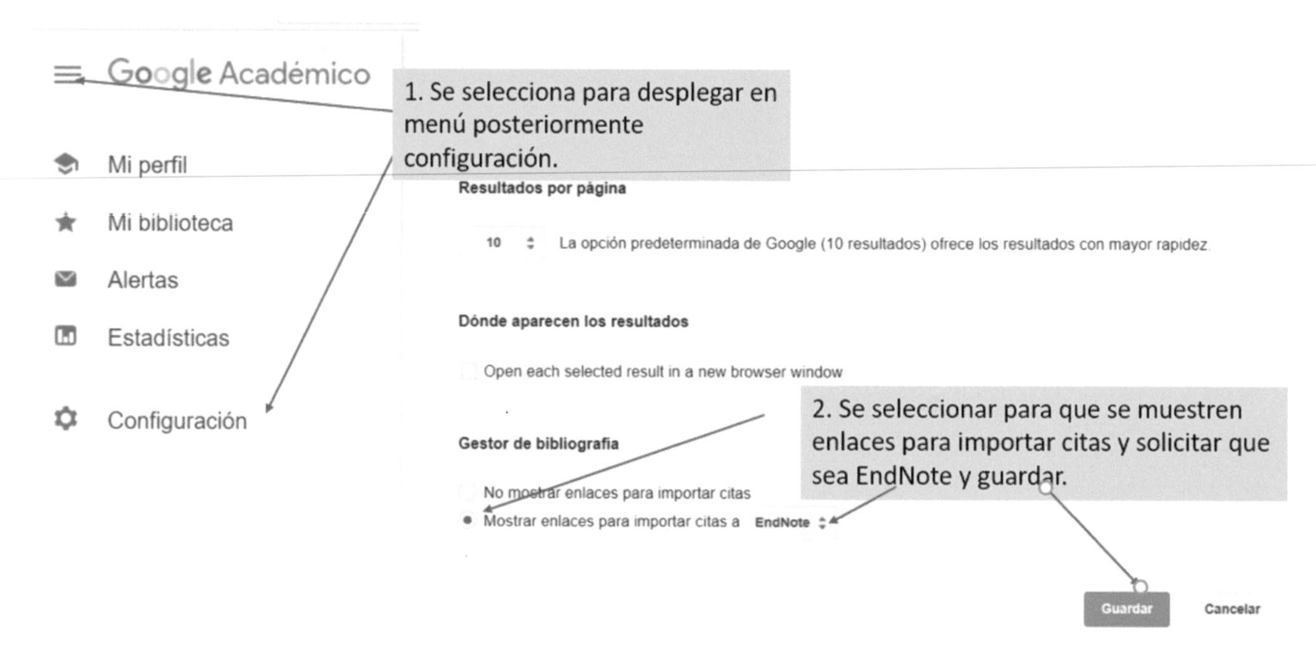

Figura 6.17. Configuración de para importar citas de Google Académico a EndNote.

Al escribir el título del documento como frase completa para realizar la búsqueda avanzada en Google Académico se pueden encontrar otros documentos que podemos recuperar en formato PDF así como su registro si le damos clic en Importar al EndNote, para lo cual debemos asegurarnos de tener abierta la biblioteca de EndNote donde deseamos agregar el registro y adjuntar el documento en PDF como se muestra en la siguiente figura:

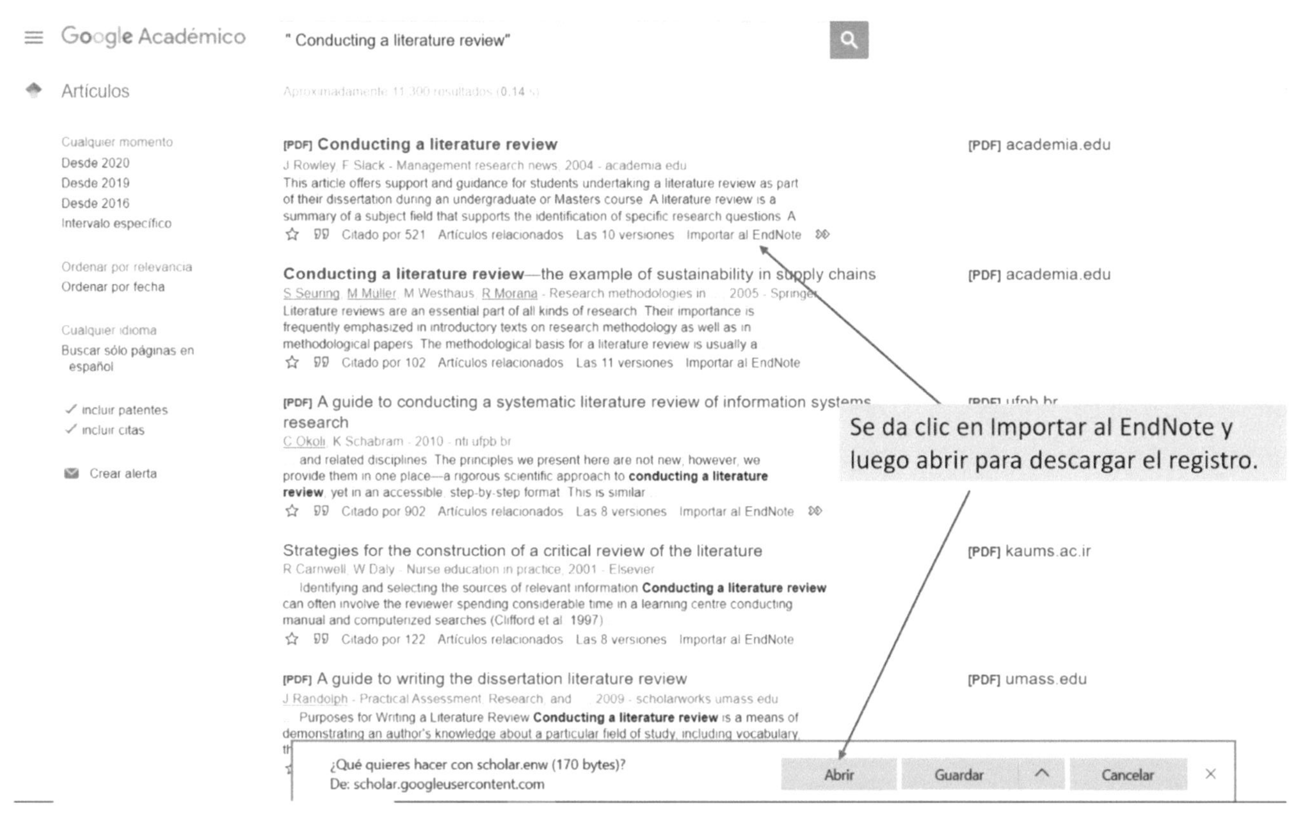

Figura 6.18. Importar registro de Google Académico a biblioteca de EndNote.

En la figura 6.19 se puede ver la biblioteca de EndNote seleccionada donde se agrega el registro que se bajo de Google Académico y archivo en PDF del documento que se adjunta dando clic en el clip que se encuentra en la pestaña del visor de PDF y seleccionando en archivo en la carpeta donde se guardó al descargarlo.

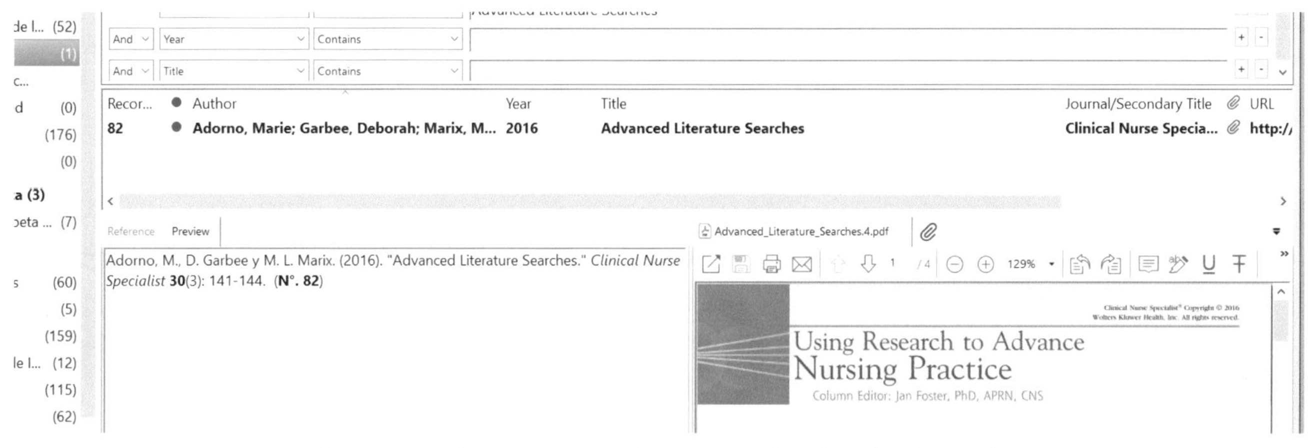

Figura 6.19. Registro descargado desde Google Académico y documento en PDF adjunto.

Otra forma de adjuntar documentos es desde la carpeta donde ese guarda el archivo en PDF se selecciona y se arrastra con el ratón y se suelta sobre el registro que se tiene en la biblioteca que se desea EndNote donde después aparece el clip que indica que tiene un documento adjunto y se ve el visor de PDF.

6.9. CITE WHILE YOU WRITE: INTRODUCIR REFERENCIAS EN WORD

La característica más importante de EndNote es la que nos ofrece la posibilidad de crear nuestra propia bibliografía en un documento de Microsoft Word.

Empezaremos habilitando el acceso a las referencias introduciendo en la barra de herramientas de Word los comandos de EndNote. Desde Word, ir al menú Herramientas/ Personalizar, y en la pestaña Barra de Herramientas seleccionamos el ítem de EndNote.

A partir de los comandos de esta barra de herramientas, EndNote y Word se comunican facilitando el proceso de inserción de referencias. Antes de crear una bibliografía en un documento de Word debemos tener en cuenta los siguientes puntos:

- EndNote buscará las referencias en las bibliotecas que en ese momento estén abiertas. Si no hubiera ninguna, se abrirá una ventana en Word desde la que habilitar la biblioteca requerida.
  En caso de que EndNote no estuviera abierto, desde Word puede activarse el programa seleccionando cualquiera de los comandos de la barra de herramientas de EndNote en Word.
- Como se sugirió anteriormente en el apartado dedicado a las bibliotecas de EndNote, es mejor tener una única biblioteca con todas las referencias, y que sea esta la que se abra por defecto al empezar EndNote. Así, directamente desde Word abriremos EndNote con acceso a la biblioteca principal. En caso de tener más de una biblioteca abierta, conteniendo varias de ellas una misma referencia, ésta tendría asociada códigos distintos en cada una de ellas, lo cual puede resultar problemático en el momento del formateo.
  RECUERDA: Desde *Edit/Preferences/Libraries* podemos seleccionar la o las bibliotecas que se abrirán por defecto con el programa.
- Podremos crear la bibliografía, bien en un nuevo documento de Word, bien sobre una de las plantillas de revista incorporadas en EndNote, con un formato específico. Para acceder a estas plantillas desde EndNote, ir a *"Tools/Manuscript Templates"*; y desde Word, en Archivo/ Archivos de programa/EndNoteX/Templates. Al abrir por primera vez una plantilla, deberemos aceptar los macros del editor en la una ventana emergente.

6.9.1 CREANDO UNA BIBLIOGRAFÍA.

Útiles de la barra de herramientas de EndNote y Word

Especificaciones de algunos de comandos:

- *"Insert Selected Citation"*: Para introducir las citas que actualmente hay seleccionadas en la biblioteca de EndNote abierta.
- *"Insert Note*: Para añadir texto personalizado en el documento de Word.
- *Unformat Citations*: Para cambiar al formato temporal las citas seleccionadas, o las de todo el documento. De este modo, las citas aparecerán de la forma, facilitando su identificación mientras se redacta el documento. Posteriormente, se puede dar formato de nuevo a la bibliografía mediante el comando *"Format Bibliography"*.
  A diferencia de las citas con formato, las citas con formato temporal o lo que es lo mismo, sin formato, necesitan que la biblioteca correspondiente de EndNote esté abierta para poder volver a dar formato.
  CUIDADO: La opción "Quitar formato" (unformatting) elimina la biblioteca itinerante.
- *"Export Traveling Library"*: Todo documento en Word lleva asociado una biblioteca itinerante (*"Traveling Library"*) con los códigos de campo relativos a cada cita introducida con formato y su referencia. Cada vez que volvemos a dar formato a las citas del documento, EndNote necesita buscar la referencia en la biblioteca abierta desde la que ha sido introducida. En caso de que esta biblioteca no esté disponible o abierta, EndNote usa la biblioteca itinerante para obtener la información sobre la referencia. Dicha información incluye todos los campos excepto *"Notes, Abstract, Image y Caption"*.
  Mediante este comando se puede crear una biblioteca únicamente a partir de las referencias empleadas en un documento Word y que tienen formato, que incluso puede habernos enviado un colega, y del que nos interesa guardar las referencias.
- *"Cite While You Write Preferences"*: Desde este diálogo podemos cambiar las preferencias de CWYW, y establecer los atajos del teclado (*"shortcuts"*) para los comandos de EndNote en Word.
- *"Help"*: Despliega ayuda específica sobre las características de CWYW.

6.9.2. CITAR LAS REFERENCIAS DE LAS BIBLIOTECAS DE ENDNOTE.

Los pasos para seguir para introducir las referencias en un documento son:

1. Abrir la biblioteca o bibliotecas que contienen las referencias que serán citadas. Para ello podemos directamente desde Word, si EndNote no está ya abierto, hacer clic en el comando *"Go to EndNote"*.

2. Abierto el documento Word, llegado el momento de introducir la cita en el documento, con el cursor en la posición donde introduciremos la referencia, ir a "*Find Citation(s)*". Aparecerá el diálogo 'EndNote "*Find Citations*".
3. En el panel "*Find*" de dicha ventana, introducir el texto clave para localizar la referencia (apellido del autor y/o año y/o *keyword*, etc). Después presionar "*Search*" o la tecla '*Enter*'.
   NOTA: También podemos seleccionar en nuestro documento el nombre del autor al que queremos citar, y dicho nombre estará insertado al abrir la ventada de búsqueda.
4. Identifica, resalta e introduce (*Insert* o *Enter*) la referencia apropiada de las que EndNote lista en la ventana.
5. De manera automática las citas son formateadas, y la bibliografía al final del documento es actualizada cada vez que introducimos una nueva referencia. Esto se debe a que la opción "*Instant Formatting*" está activada. En caso de que no ocurra así, o que deseemos cambiar el formato de las citas, ir a "*Format Bibliography*" desde el icono correspondiente de la barra de herramientas (o ALT+3).
   NOTA: La lista de estilos que aparecen en el panel correspondiente son los que están seleccionados como "favoritos" en la sección "*Style Manager*" ("*Edit/Output Styles>Open Style Manager*"). Si necesitas elegir otro estilo no listado, navega para localizarlo.
6. Mientras se van introduciendo las citas en el documento, éstas aparecerán sombreadas para facilitar su localización en el mismo. Esta opción de sombreado es únicamente para la visualización en pantalla, y no se refleja en la versión impresa del documento.
7. Una vez acabado el documento, guardar.

Además de estos pasos básicos, existen otras opciones para introducir las citas en el documento de Word:

- ✓ Arrastrar desde la biblioteca de EndNote la referencia seleccionada al documento de texto.
- ✓ Desde el menú "*Tools/Cite While You Write>Insert Selected Citation(s)*".
- ✓ Copiar la referencia de la biblioteca en el lugar requerido del documento.

6.9.3. SELECCIONAR UN ESTILO BIBLIOGRÁFICO.

Durante el proceso de redacción del documento se puede cambiar el formato de las citas y de la bibliografía cuántas veces sea necesario.

NOTA: la primera vez que se da formato a una cita, la correspondiente biblioteca tiene que estar abierta. Después, EndNote puede usar la biblioteca itinerante ("*Traveling Library*") para obtener la información de la referencia.

Para ello:

1. Desde el menú de herramientas de EndNote en Word, ir al comando "*Format Bibliography*".
2. En la ventana EndNote "*Format Bibliography*" seleccionamos el estilo en el panel "*With Output Style*", dentro de la sección "*Format Bibliography*".
   Para buscar otros estilos que no aparecen el panel desplegable, presionar "*Browse*" y ver todos los estilos disponibles en EndNote. Cada uno de estos estilos da un formato a las citas y a la bibliografía. Se pueden consultar el formato de cada uno editándolos desde EndNote, en el menú "*Edit /Output Style/ Open Style Manager*".
   Como "*Temporary citations delimiters*" aparecerán los limitadores de las citas temporales, que por defecto son las que aparecen en la casilla correspondiente. Éstas han de ser únicamente delimitadores y no aparecer como caracteres en el documento, de lo contrario habría de escogerse otro tipo de delimitadores.
3. En la sección "*Layout*" se pueden personalizar:
   - ✓ el tamaño y fuente de la bibliografía,
   - ✓ el título que aparecerá encabezando la lista bibliográfica al final del documento, así como su formato,
   - ✓ el número por el que ha de empezar a numerar la lista de referencias (si es que se quiere numerar),
   - ✓ la sangría y el espaciado para la lista de referencias.
4. En la sección "*Libraries*" Used se puede consultar desde qué bibliotecas se está referenciando el documento.
5. Pulsando Aceptar en la ventana de diálogo, EndNote actualiza automáticamente los cambios y vuelve a generar la bibliografía en el estilo escogido.

LITERATURA CITADA.

Adorno, M., D. Garbee y M. L. Marix. 2016. Improving literature searches. Clin Nurse Spec 30(2):74-80.

Arias Pacheco, Z. M. y A. D. Cuyan Chimbo. 2015. La gestión de la información científica para fortalecer las competencias investigativas de los docentes de bachillerato general unificado en la unidad educativa caluma del cantón caluma, Universidad Estatal de Bolívar.

Bajpai, A., S. Davuluri, H. Haridas, G. Kasliwal, D. H, S. Ks, D. Chandrashekar, P. Bora, M. Farouk, N. Chitturi, S. V, A. Kp y K. Acharya. 2011. In search of the right literature search engine(s). Nature Precedings.

Barrós, M. S. 2014. El proceso de búsqueda y recuperación de la información. La biblioteca electrónica de la upv/ehu. Revista de Dirección y Administración de Empresas 1(11).

Benavente, R. 2018. La información. Búsquedas, bases de datos y buscadores. eBook, Edición Kindle.

Bohannon, J. 2016. The frustrated science student behind sci-hub. Science 352(6285):511.

Castrillón-Estrada, J. A., J. C. García Domínguez, M. Anaya Taboada, D. Rodríguez Berdugo, D. de la Rosa Barranco y C. V. Caballero-Uribe. 2008. Bases de datos, motores de búsqueda e índices temáticos: Herramientas fundamentales para el ejercicio médico. Salud Uninorte 24(1):95-119.

Centro de Documentación Información y Sistemas. 2016. Isi y thomson reuters. Universidad Católica del Perú.

Chaviano, O. G. 2004. Algunas consideraciones teórico-conceptuales sobre las disciplinas métricas. Acimed 12(5):1-1.

Checa Rubio, A. M. La información científica en internet <http://menorca.infotelecom.es/~ecampins/Materials/Tic%20Batxiller/Recerca%20Internet/Recursos/2.33%20Busqueda%20de%20información%20científica%20en%20internet.pdf> (Fecha de Acceso: 23 mayo 2019)

Clarivate Analytics. 2016. Acquisition of the thomson reuters intellectual property and science business by onex and baring asia completed <https://clarivate.com/news/acquisition-thomson-reuters-intellectual-property-science-business-onex-baring-asia-completed/> (Fecha de Acceso: 13 de marzo de 2017)

Consejería de Sanidad. 2012. Guia para hacer busquedas bibliograficas Instituto de Ciencias de la Salud. abril 2012. España. <http://ics.jccm.es/uploads/media/Guia_para_hacer_busquedas_bibliograficas.pdf> (Fecha de Acceso: 10 de octubre de 2014)

Cordón-García, J.-A. y C. A. Lopes. 2012. El libro electrónico: Invarianzas y transformaciones. El Profesional de la Informacion 21(1):83-90.

Cortés Cortés, M. E. y M. Iglesias León. 2004. Generalidades sobre metodología de la investigación. Universidad Autónoma del Carmen, Ciudad del Carmen, Campeche, México.

Cross, J. 2005. Isi/thomson scientific – it's not just about impact factors. Editors' Bulletin 1(1):4-7.

Culebras, J. M. y Á. Franco-López. 2017. In memoriam eugene garfield (1925-2017). JONNPR. 2(4):165-167.

Day, R. A. 2005. Cómo escribir y publicar trabajos científicos. 3a ed. Organización Panamericana de la Salud, Washington, D.C.

Del Cura González, M. y M. Sánchez-Celaya del Pozo. 2007. Hablemos de... Herramientas de búsqueda bibliográfica. GH Continuada 6(3):151-155.

Dervin, B. 1999. On studying information seeking methodologically: The implications of connecting metatheory to method. Information Processing & Management 35(6):727-750.

Fernández-Altuna, M. d. l. Á., A. Martínez del Prado, D. Gutiérrez Rayón, E. Arriarán Rodríguez, H. A. Toriz Castillo, M. Betancourt Cravioto y A. Lifshitz Guinzberg. 2016. Encontrar sin perderse: ¿se ha frustrado al buscar la información médica que necesita? Investigación en Educación Médica 5(18):75-87.

Franco-Perez, A. M. 2014. Uso y utilidad de las herramientas de búsqueda bibliográfica de acceso gratuito relacionadas con las ciencias de la salud (pubmed, google scholar y scirus). Doctoral, Universidad de Alicante, Alicante, España.

Gandy Jr, O. H. y J. Baron. 1998. Inequality: It's all in the way you look at it. Communication Research 25(5):505-527.

Garfield, E. 2016. Los índices de citaciones: Del science citation index a la web of science 2016. <http://bid.ub.edu/es/37/garfield.htm> (Fecha de Acceso: 04-08-2019)

González de Dios, J. 2003. Lectura crítica de documentos científicos. Anales de Pediatría Continuada 1(1):51-55.

Gosling, P. y B. Noordam. 2011. Searching the scientific literature Mastering your phd. p 119-124. Springer.

Gutiérrez Gómez, J. A. y J. L. Serrano Sánchez. 2018. Análisis de los procesos de búsqueda, acceso y selección de información digital en futuros maestros. Digital Education Review(34):76-90.

Gutiérrez Vargas, M., M. Guerrero Andrade, J. Camargo López y M. Alva Resendiz. 2006. Los procesos de búsqueda de información Conferencia presentada en el VI Taller Internacional de Inteligencia Empresarial y Gestión del Conocimiento en la Empresa. <http://www.bibliociencias.cu/gsdl/collect/eventos/index/assoc/HASHfce2.dir/doc.pdf> (Fecha de Acceso: 16 enero 2019)

Hayman, J. L. 1968. Investigación y educación. Paidós Ibérica, Barcelona, España.

Hemingway, P. y N. Brereton. 2009. What is a systematic review? <http://www.whatisseries.co.uk/whatis/pdfs/What_is_syst_rev.pdf > (Fecha de Acceso: 15 enero de 2019)

Kingrey, K. P. 2002. Concepts of information seeking and their presence in the practical library literature. Library Philosophy and Practice 4(2):1-14.

Kuhlthau, C. C. 1991. Inside the search process: Information seeking from the user's perspective. Journal of the American society for information science 42(5):361-371.

López-Pérez, J. y S. Juárez-López. 2012. El método arenas: Aplicación del pbl para la formación de científicos en países con economías en desarrollo. Palibrio.

Martín, S. G. y V. Lafuente. 2017. Referencias bibliográficas: Indicadores para su evaluación en trabajos científicos. Investigación bibliotecológica 31(71):151-180.

Martínez, L. J. 2013. Cómo buscar y usar información científica: Guía para estudiantes universitarios. Universidad de Cantabria, Santander, España.

Merino-Trujillo, A. 2011. Como escribir documentos científicos (parte 3). Artículo de revisión. Salud en Tabasco 17(1-2):36-40.

Miyahira, J. 2017. Publicación científica: Un debe ser de las instituciones de educación superior. Revista Medica Herediana 28(2):73-74.

Mokros, H. B., L. S. Mullins y T. Saracevic. 1995. Practice and personhood in professional interaction: Social identities and information needs. Library & information science research 17(3):237-257.

Muelas, E. 2014. Gestión de la información: Organización, búsqueda y recuperación en internet. Fundec.

Muñoz-Muñoz, A. M. 2011. Las fuentes de información (En línea) Departamento de Información y Comunicación, Facultad de Comunicación y Documentación, Universidad de Granada. 2011. <http://www.ugr.es/~anamaria/fuentesws/Intro-FI.htm> (Fecha de Acceso: 20 mayo 2019)

Pendleton, V. E. M. y E. A. Chatman. 1998. Small world lives: Implications for the public library. Library Trends 46(4):732-751.

Quintanilla Juárez, N. A. 2014. Herramientas tics y la gestión del conocimiento.

Robles, V. B. A. y M. I. C. Montiel. 2007. Estrategias para la recuperación de información bibliográfica. Neumología y Cirugía de Torax 66(3):134-146.

Ruiz Llanes, L. F. 2018. La arquitectura de información y la recuperación de la información en la web. Cuadernos de Investigaciones de Ciencias de la Información(4):45-55.

Salinas, P. 2012. Metodología de la investigación científica. Mérida-Venezuela: Universidad de Los Andes.

Schmelzer, M. 2008. The importance of the literature search. Gastroenterol Nurs 31(2):151-153.

Stuart Cárdenas, M. L., M. Delgado Fernández, R. Espín Andrade y Z. Ramírez Céspedes. 2011. Búsqueda y recuperación de información en internet desde una perspectiva de los usuarios, en la educación superior. Pedagogía Universitaria 16(1):70-87.

Vera Carrasco, O. 2009. Cómo escribir artículos de revisión. Revista Médica La Paz 15(1):63-69.

Vilanova, J. C. 2012. Revisión bibliográfica del tema de estudio de un proyecto de investigación. Radiología 54(2):108-114.

Warren, B. 1991. Concepts, constructs, cognitive psychology, and personal construct theory. The Journal of psychology 125(5):525-536.

Web of Science Group. 2019. Web of science. Confident research begins here. Clarivate Analytics Company. 2019. <https://clarivate.com/webofsciencegroup/solutions/web-of-science/> (Fecha de Acceso: 24 octubre 2019)

Wood, R., B. Kakebeeke, S. Debowski y M. Frese. 2000. The impact of enactive exploration on intrinsic motivation, strategy, and performance in electronic search. Applied psychology 49(2):263-283.

Yedid, N. 2016. Análisis práctico de folksonomías: El caso de los gestores bibliográficos sociales. Practical analysis of folksonomies: the case of the reference management software.(35):31-63.

Printed in the United States
By Bookmasters